事業再生研究機構
法的整理に係る
債権者申立研究会［編］

債権者申立ての活用

事業再生研究叢書 23

商事法務

はしがき

　先般、金融庁が公表した新しい監督指針（「主要行等向けの総合的な監督指針」2024年7月10日適用）では、金融機関は、顧客企業の経営改善支援や事業再生支援等を先延ばしせず、これらに積極的に取り組むこと、また、必要に応じて外部専門家や外部機関等と連携・協働することが強く求められている。

　この点、顧客企業の経営改善や事業再生支援は金融機関が単独で成し遂げられるものではなく、顧客企業経営者の理解（腹落ち）と協力が必要不可欠である。しかしながら、金融機関がいかに顧客企業の経営改善支援や事業再生支援に取り組む意思を持って顧客企業に働きかけても、また、外部専門家・外部機関等との連携に努めても、顧客企業の経営者サイドのさまざまな要因により、これらの課題に取り組めない事例、塩漬け状態になったまま課題が放置されている事例が少なくないという問題の指摘もなされている（辻廣雅文『金融危機と倒産法制』（岩波書店、2022年）749頁以下、三森仁「地域企業の事業再生における課題」事業再生と債権管理162号（2018年）88頁）。

　顧客企業に経営改善・事業再生を促す場合、まずもって顧客企業経営者の理解を得られなければならず、そのため、金融機関は、長期的な取引関係を通じて蓄積された情報や地域の外部専門家・外部機関等とのネットワークを活用してコンサルティング機能を発揮することにより、顧客企業に対する現状認識の共有を図り、経営改善・事業再生に関して、顧客企業と同じ目線を持つことが重要である。その上で、顧客企業の経営改善や事業再生に向けた自助努力を最大限支援していくことが求められる。金融機関によ

る顧客企業に対する平時の取組みが重視される所以である。また、事業再生が必要な局面に至った場合、顧客企業経営者の決断を促す過程において、DIPファイナンスのような運転資金の支援の検討や、経営者保証ガイドラインの活用を示して、経営者の再生手続や手続後の生活に対する不安を取り除いていくことも有益であろう。

しかしながら、顧客企業経営者にガバナンス上の問題がある事例においては、こうした金融機関の取組みはまったく機能しない。顧客企業が金融債務の弁済をしない要因はさまざまあるが、単に金融債務を弁済できないという場合にとどまらず、債務不履行に対して金融機関が善処するべく情報開示を求めても一向に真摯な対応を行わない事例や、酌むべき事情もない悪質な粉飾決算等の虚偽の情報開示を行う場合、さらには、顧客企業の資産を経営者が個人的に流用したり、自己や第三者の利益を図って詐害行為や偏頗行為を行う事例もある。

このようなガバナンスに問題がある顧客企業について、金融機関が権利行使を差し控え、社会に放置すること自体、社会経済の要請と矛盾する深刻な問題を生じかねないと憂うものであるが、ここまで厳しい考えを採用しないとしても、ガバナンス上の問題がある顧客企業に対して金融機関が権利行使（担保権実行等）を行うことは非難されることではないし、金融機関が顧客企業に対して法的整理の債権者申立てを行うこと自体についても、許容されることと考える。むしろ法的整理の債権者申立ては、ガバナンスに問題のある顧客企業に対するデット・ガバナンスを機能させるための最後の砦というべきである。

さらにいえば、金融機関による担保権実行等の権利行使や法的整理の債権者申立てが選択肢として広く認知されることで、顧客

企業自身が真摯にガバナンス上の問題を除去し、また経営改善や事業再生に自ら取り組むことへ動機づけられることを期待したい。

本書は、このような法的整理の債権者申立ての意義を踏まえ、金融機関、保証協会およびサービサー等の金融債権者を念頭に、実務経験豊富な弁護士を中心に研究会を立ち上げ、25回以上に及ぶ会合を重ね、法的整理の債権者申立てについてさまざまな角度から検討したものである。その際、債権者として法的整理を申し立てる場合の障害（事前の推論としては、レピュテーションリスクや情報不足に伴う失敗リスク等が大きな障害となっているのではと考えた）の有無やそれへの対処法といった実務的な問題についても解を得るよう努めた。

本書を金融機関、保証協会、サービサー等の金融債権者の皆様に広くお読みいただき、法的整理の債権者申立てが有益なものとして周知され、最終的には健全なデット・ガバナンスの形成に少しでも役立つことを願ってやまない。

2025年2月

法的整理に係る債権者申立研究会　座長
事業再生研究機構　代表理事

三森　仁

目　次

第1　本研究会の組成趣旨・研究目的・1

第2　研究活動の経緯・5

第3　法的整理の債権者申立ての種類・9

1　手続選択・9

(1)　法的整理の債権者申立て以外の選択肢の検討・9

(2)　再建型・清算型のどちらを選択すべきか・10

(3)　会社更生手続を選択する場合の考慮要素・13

　ア　管理型を原則とすること・13

　イ　株式会社が対象であること・13

　ウ　担保権付債権、公租公課についても手続内拘束がされること・13

　エ　期間・費用・管轄・14

(4)　民事再生手続を選択する場合の考慮要素・15

　ア　DIP 型を原則とすること・15

　イ　すべての法人が対象であること・15

　ウ　担保権は別除権として手続外で行使可能であること・16

　エ　期間・費用・16

(5)　破産手続を選択する場合の考慮要素・16

　ア　清算型手続であること・16

　イ　すべての法人が対象であること・17

　ウ　担保権は別除権として手続外で行使可能であること・17

　エ　費用・17

2　会社更生の債権者申立て・18

(1)　債権者申立ての要件・18

(2)　管轄・18

(3)　開始原因・18

(4)　申立書の記載事項・添付資料・19

　　ア　申立書の記載事項・19

　　イ　添付資料・19

(5)　会社更生事件に占める債権者申立ての割合等・20

(6)　会社更生の債権者申立ての一般的な流れ・スケジュール・20

　　ア　会社更生手続の一般的な流れ・20

　　イ　スケジュール・21

　　ウ　事前相談・予納金・21

　　エ　申立てと同時に発令する保全措置の検討・23

(7)　開始決定後の債権の取扱い・24

3　民事再生の債権者申立て・26

(1)　債権者申立ての要件・26

(2)　管轄・26

(3)　開始原因・27

(4)　申立書の記載事項・添付資料・28

　　ア　申立書の記載事項・28

　　イ　添付資料・29

(5)　DIP 型手続を原則とする民事再生における債権者申立てと管理型再生手続・29

　　ア　DIP 型再生手続と管理型再生手続・29

　　イ　管理命令の発令状況・30

(6)　民事再生の債権者申立ての一般的な流れ・スケジュール・32

　　ア　民事再生手続の一般的な流れ・32

　　イ　スケジュール・32

ウ　事前相談・予納金・33

エ　申立てと同時に発令する保全処分等の検討・34

(7)　開始決定後の債権の取扱い・36

4　破産の債権者申立て・37

(1)　債権者申立ての要件・38

ア　申立適格・38

イ　債権の存在の疎明・38

ウ　破産手続開始原因事実の疎明・38

(2)　管轄・39

(3)　開始要件・39

(4)　申立書の記載事項・添付資料・41

ア　申立書の記載事項・41

イ　添付資料・41

(ｱ)　債権の存在・41

(ｲ)　破産手続開始原因事実の存在（手続開始のためには証明が
必要）・42

(5)　破産事件に占める債権者申立ての割合等・44

(6)　破産の債権者申立ての一般的な流れ・スケジュール・44

ア　事前問い合わせ・相談・44

イ　申立ておよび保全管理命令等・44

ウ　予納金額決定・納付・45

エ　審尋・46

オ　開始決定・47

カ　開始決定後の破産管財人への情報提供・47

キ　その後の手続の流れ・48

第4 事例研究・51

事例1 債務者企業との信頼関係が破綻している中で、業者への支払滞納、給与未払いなどが始まったことから、会社更生を申し立てた事例・53

事例2 再建手法として用いられた会社分割につき濫用的会社分割該当性などが疑われ、主要債権者2社がパチンコ・スロットホール運営会社に対して会社更生を申し立てた事例・56

事例3 債権者が誓約事項違反を理由として融資契約の期限の利益を喪失させ、会社更生を申し立てた事例・60

事例4 支配株主を主張するグループが従前の代表取締役を解任して債務者を実効支配したことによって資産流出等が懸念されたことから、取引金融機関が会社更生を申し立てた事例・62

事例5 長年にわたって粉飾決算を繰り返していた債務者グループの主要3社に対して取引金融機関が会社更生を申し立てた事例・65

事例6 会社資金を横領していた代表取締役が取引先B社グループをスポンサーとする民事再生を申し立てたことに対抗して、メイン行が会社更生を申し立てた事例・68

事例7 金融債権者らが、旅館業を営む債務者企業に対して、濫用的会社分割を理由として会社更生を申し立てた事例（平成26年改正会社法施行前の事例）・71

事例8 民事再生終結後に不当な資金流出が疑われたゴルフ場運営会社に対して、会社更生を申し立てた事例・74

事例9 私的整理手続中に、親会社が金融機関に事前告知なく対象債務者（子会社）の役員を変更した上、民事再生を申し立てたところ、金融債権者と従業員の協力取り付けに失敗し、その後、金融債権者の意見に沿って、管理型の再生手続が開始された事例・77

第5 アンケート・81

1 アンケート調査の概要・81

2 アンケート回答・83
(1) 法的整理の債権者申立ての有無・83
(2) 法的整理の債権者申立事案の概要・84
(3) 法的整理に係る債権者申立ての理由・85
　ア　信頼関係の毀損（選択肢①）・86
　イ　事業継続性への疑義（選択肢②）・87
　ウ　債務者の事業運営の問題（選択肢③）・88
　エ　担保実行リスク（選択肢④）・89
　オ　その他（選択肢⑤）・90
(4) 債権者申立てを行う上での障害・91
　ア　レピュテーションリスク（選択肢①）・91
　イ　事業継続失敗リスク（選択肢②）・93
　ウ　その他（選択肢③）・94
(5) 債務者の業種等・96
(6) 債権者申立てに至らなかった理由・96
(7) 債務者の説得に成功して私的整理を実現した場合・99
(8) 法的整理の債権者申立てに関するガイドラインの要否・99
(9) 債権者申立てに要する費用負担・101
　ア　会社更生の申立てに係る予納金額基準の公表の要否・102
　イ　更生等法的整理の債権者申立てに係る申立代理人の弁護士費用の合理的な部分を共益債権化するべきか否か・102
(10) その他の意見・103
(11) 債務者の経営権、経営裁量との関係で、法的整理の債権者申立てを正当化する事情・105
(12) 十分な資料開示がないことから、法的整理による事業継続がうまくいかない場合の申立債権者の経営責任・109

(13) 債務者企業の経営に対する権利を不当に侵害しないための法的整理の債権者申立ての濫用防止措置の要否・111

(14) ガイドラインによる申立ての義務づけ・113

(15) ガイドラインに従って申し立てた場合の効果・114

(16) ガイドラインに従って申し立てた場合のレピュテーションリスク・116

(17) ガイドラインが債務者自らの早期申立てへのインセンティブになることについて・119

第6 債権者申立てにおける実務課題・123

1 事業継続リスク・124

(1) 情報開示の拒絶等に起因する情報不足・125

(2) 資金繰りの見通し・127

(3) 取引先への説明・取引継続の対応・128

(4) 従業員の協力確保・129

(5) スポンサーによる信用補完・129

(6) その他の事業継続リスクへの対応・130

2 レピュテーションリスク・130

(1) レピュテーションリスクに対する対処法・131

 ア 債務者企業への情報の開示要請等・131

 イ 再建プランについての協議・132

 ウ 従業員の雇用確保、地域経済への影響・133

 エ 主要債権者間の協議・共同での申立て・134

(2) プレスリリース・メディア対応・135

 ア プレスリリースと金融機関の守秘義務・136

 イ 申立債権者によるプレスリリース等の許容性と必要性・137

 ウ 守秘義務と倒産手続下における保全管理人等の権限・140

3　債権毀損リスク・140

第7　債権者申立てにあたっての検討項目・143

1　検討項目リストの位置づけ・143

2　検討項目リストの概要・144

(1)　事業継続可能性を高める観点からの検討項目リスト・144

(2)　レピュテーションリスク回避の観点からの検討項目リスト・144

(3)　債権毀損リスク回避（経済合理性）の観点からの検討項目リスト・145

3　検討項目リストの活用のあり方・145

4　債権者申立てに関する検討項目リスト・146

債権者申立研究会WG

債権者申立代理人報酬の共益（財団）債権性
　　　　　　　　多比羅　誠／髙橋　優／大川友宏／加藤貴裕・151

意見分かれる「債権者申立代理人弁護士の報酬額」
　　　　　　　　　　　　　　　　　　　　多比羅　誠・173

特別寄稿

本研究会報告についてのコメント
　　　　　前東京都中小企業活性化協議会　統括責任者　小林信久・181

法令の表記について

1　本文中の法令の表記

本文中の法令は略称を設けずに、次のように表記している

例：会社更生法第2条第8項第1号➡会社更生法2条8項1号

2　（　）の法令の表記

（　）で引用する主要法令名は、次のように表記している

会社更生法	会更
会社更生規則	会更規
民事再生法	民再
民事再生規則	民再規
破産法	破
破産規則	破規
民事訴訟法	民訴
会社法	会
民法	民

法的整理に係る債権者申立研究会

(50 音順　所属は 2025 年 1 月現在)

青木　耕
理事・金融機関

綾　克己
弁護士（東京弁護士会）

大川友宏
弁護士（第一東京弁護士会）

奥　総一郎
理事・金融機関・事業再生専門家

小畑英一
弁護士（第一東京弁護士会）

加々美博久
弁護士（東京弁護士会）

鐘ヶ江洋祐
弁護士（第一東京弁護士会）

加藤貴裕
弁護士（第二東京弁護士会）

菅野邑斗
弁護士（第二東京弁護士会）

北野知広
弁護士（大阪弁護士会）

小林信明
理事・弁護士（東京弁護士会）

櫻庭広樹
弁護士（東京弁護士会）

佐橋宜親
理事・金融機関

髙井章光
弁護士（第二東京弁護士会）

高橋幸司
理事・金融機関

高橋　太
金融機関・事業再生専門家・企画

髙橋　優
弁護士（東京弁護士会）

多比羅　誠
理事・弁護士（東京弁護士会）・企画

新美正彦
理事・金融機関

廣瀬正剛
弁護士（第二東京弁護士会）

堀野桂子
弁護士（大阪弁護士会）

本多一成
弁護士（第一東京弁護士会）

三森　仁
理事・弁護士（第二東京弁護士会）・企画

宮本　聡
弁護士（第一東京弁護士会）

吉田和雅
弁護士（第二東京弁護士会）

四十山千代子
理事・弁護士（東京弁護士会）

岩﨑　慎
オブザーバー・裁判官

(退任メンバー＊所属組織の異動等に伴い退任)

冨田　隆
理事・金融機関

高橋浩美
オブザーバー・裁判官

松岡健太郎
理事・金融機関

山田悠貴
オブザーバー・裁判官

第1 本研究会の組成趣旨・研究目的

　本研究会は、昨今の金融環境に対して投げかけられる下記問題意識を踏まえ、金融債権者による申立てのあり方について検討することを目的として、2020年3月13日、事業再生研究機構内に組成された。研究にあたっては、法的整理を債権者として申し立てる場合の障害（事前の推論としては、レピュテーションリスクや情報不足に伴う失敗リスク等が大きな障害となっているのではと考えた。）の有無やそれへの対処法といった実務的な問題を明らかとすることに主眼を置きながら、必要に応じて法的整理の債権者申立て関するガイドライン策定の必要性の有無や必要な場合の適切なガイドラインのあり方についても検討することとされた。

記

① **現在の金融環境とレンダーガバナンス問題**

　金融機関の手厚い金融支援（元本弁済猶予など）がある中で、長い期間にわたり事業が劣化してきているものの事業者と金融機関の間で今後の事業の再生についての本格的な擦り合わせがないまま漫然と事業を継続している事業者は多いのでないか。

② **日本の事業会社の生産性が低いままという問題**

　事業者が適時に経営改善や事業の再生に取り組むことがないため、生産性が低い状態が長期間続いているのではなかろうか。

③ 経営に問題のある事業会社について適切に退出を促し、人材等の経営資源を有効に活用できるように新陳代謝を図る必要性

事業会社の生産性が相応に維持されている間に事業再生に着手し、事業の見直しや経営資源の強化、あるいは先行きの見通しが困難な事業については円滑な廃業を進めることが肝要であり、それに資する諸施策が一層必要ではなかろうか。

④ 事業再生の早期申立てを促す必要性

事業会社の生産性の回復には、早期に事業再生に着手することが望ましい。しかし、経営者はその判断を先延ばしがちであり、金融機関は経営者に対しその必要性を十分に説明できておらず、結果事業の生産性が低い状態が漫然と続くことも多いのではなかろうか。

⑤ 法的整理を債権者として申し立てる場合のレピュテーションリスクや情報不足に伴う失敗リスク

事業劣化の状態が続くが経営者が金融機関の理解を得られるような事業再生に着手しない場合は、金融機関は法的整理を債権者として申し立てることが法律上可能である。しかしながら、金融機関による債権者申立てはとても件数が少ないのが実情である。金融機関が債権者申立てをすると「金融機関が事業会社を倒産させた」との評判が生じる懸念（レピュテーションリスク）や、申立て前に事業会社の詳細な事業状況や資金繰り見通しなどの把握に基づくしっかりした事業計画を立てづらいことから、申立て後に事業が頓挫する失敗リスクなどの懸念があり、潜在的には債権者申立ての需要はあるものの、実際の申立てまでには至っていないのではなかろうか。

また、本研究会の副次的な目的として、法的整理の債権者申立てをめぐる実情の把握と問題点の整理を通じ、バランスのとれた債権者申立ての運用を模索するという点も挙げられる。この点、法的整理の債権者申立ては、事業再生の対応力を広げる効果を期待できるが、一方で債権者たる金融機関や法的整理の専門家である弁護士も現状では「特殊な状況での究極の手法」と捉え、実際に申し立てた件数は少なく、知見の蓄積、共有が十分とはいえない。どのような場面で債権者申立ては有効なのか、期待しうる効果は何か、よくある論点や対応策は何か、さらには具体的な手続の流れや資金繰り・必要な資金の調達方法など、有益な情報を客観的な情報として公表することは、債権者申立ての活用を通じて事業再生の幅を広げ、また、金融機関によるデット・ガバナンスに新たな視点を提供できるのではなかろうか。

第2 | 研究活動の経緯

　債権者申立てに関する前記**第1**記載の問題意識〔p.1〕の下、2019年11月、多比羅誠、三森仁および高橋太の3名が集まり、法的整理の債権者申立ての活用により事業再生が促進され、レンダーガバナンスが改善される余地があること、また、その議論の場として事業再生研究機構（以下「機構」）に研究会を組成し、有識者で議論をすることが適当であろうということを確認し、2020年3月、機構において、法的整理の債権者申立てについて知見・経験が豊富な弁護士および金融機関関係者を主たるメンバーとし、会社更生事件を担当していた東京地方裁判所裁判官のオブザーバー参加を得て、「法的整理に係る債権者申立研究会」（以下「研究会」）を組成した。

　そこでは、前記**第1**記載の問題意識を共有し、機構を事務局として研究会を立ち上げること、また進め方については、まずは債権者申立案件の経験がある金融機関や弁護士等に対するヒアリングを通じ、実情の把握と問題点を整理するとともに、アンケートを実施して広く金融債権者側の意見を把握することとし、必要に応じて債権者申立てに関するガイドラインの策定上の課題についても検討を行うこととした。

　なお、研究会のメンバーは、メンバーの所属する組織の異動等により推移しており、研究会組成から本書とりまとめまでの間に研究会に所属したメンバー構成は「法的整理に係る債権者申立研

究会」〔p.xii〕のとおりである。

キックオフミーティング後、コロナ禍が本格化し、売上の急激な減少等に苦しむ企業に対して官民が総力を挙げて事業継続に向けた各種支援に取り組むこととなった。債権者申立てによる事業再生の議論はコロナ禍の落ち着きが見えてからが適当であろうことから研究会は一時休会とした。

その後、2021年6月に研究会を再開し、以降、会社更生の債権者申立案件を中心に9件のケースにつき、金融機関、申立代理人や管財人等の弁護士などからヒアリングを行った（後記**第4**〔p.51〕）。また、この9件のケース以外にも、実際に債権者申立てに至らない事例も含め広く実情を調査する必要があると考え、金融機関・信用保証協会・サービサーに対して広くアンケート調査も実施した（後記**第5**〔p.81〕）。

これらを通じて得られた情報・知見についてはそれぞれ個別事情が色濃くあるが、共通項として抽出できる点も多く、そこで得られた知見等は、金融機関、弁護士等の参考になるものと思われたため、これについては後記**第6**〔p.123〕および**第7**〔p.143〕で整理する。

また、個別事例の調査と並行して、法的整理の債権者申立てに関する手続選択の考え方、ならびに債権者による会社更生申立て、民事再生申立ておよび破産申立ての概要を実務的な観点から整理を行った（後記**第3**〔p.9〕）。

研究会での議論を通じ、法的整理の債権者申立てをめぐる問題意識・問題点について以下のように整理できるものと思料した。

まず、金融機関は法的整理に係る債権者申立ての必要性を検討することがあっても諸般の事情により断念していることが少なく

ないものと思料され、その原因を探求することは有益であるところ、研究活動を通じ、①事業継続リスク、②レピュテーションリスク、および、③債権毀損リスクが検討すべき課題として抽出された。

　次に、（特に、会社更生について）予納金の基準を明確にし、申立代理人の申立費用を共益債権化するなど手続面での改善余地も大きいものと考えられた。

　また、法的整理に係る債権者申立てについて議論を深めることの意義・実益については、早期事業再生におけるデット・ガバナンスの重要性が再認識された。すなわち、債務者の事業再生の成否は事業劣化が進行する前の早い段階で事業再生に着手するか否かに大きく作用される。窮境にある債務者は実質債務超過でエクイティ価値はマイナスであることが多く、主要取引金融機関によるデット・ガバナンスが効いていれば、本来早期に事業再生を進めることが期待できる。しかし実務的には主要取引金融機関は債務者に事業再生の着手を強く促しづらいなど、デット・ガバナンスが効果的に機能しづらい実情にある。いかにしたら主要取引金融機関は債務者の早期事業再生を主導しやすくなるのか。法的整理の債権者申立てをオープンに議論することは健全なデット・ガバナンスのあり方にもつながるのでないかと考えられる。

　そればかりでなく、債務者自身による事業再生に向けた決断が遅れ、事業劣化が進み事業再生が困難となることが散見される中で、法的整理を債権者が申し立てる可能性があることが、債務者自身による自主的な早期の事業再生に向けた決断を誘引する効果も期待できよう。

　なお、法的整理に係る債権者申立てに関するガイドラインを策定することについては、慎重意見も根強い。この点、コロナ禍で

苦しむ企業の救済は国を挙げての命題であるが、コロナ禍による一時的な業況悪化なのか、コロナ禍前からの業況悪化が主因であり事業再生に早期に踏み込むべきなのか、見極めが難しい。業況悪化に苦しむ多くの事業者に対して官民総力で各種支援をしている中、法的整理の債権者申立てに関する知見、特にガイドラインの打ち出し方には慎重さが求められる。一方で、各種支援をもってしても事業の回復が見通し難い企業は事業再生に早期に着手することが重要であるが、金融機関はコロナ禍もあり債務者に事業再生の対応を強く求めづらい面もある。金融機関が経営者にいうべきことをいいやすくなる効果が、もしガイドラインにあるのであれば、打ち出すタイミングを控えすぎることも不適切である。

　金融庁は、2024年7月に「主要行等向けの総合的な監督指針」、「中小・地域金融機関向けの総合的な監督指針」を公表し、「資金繰り支援にとどまらない、事業者の実情に応じた経営改善や事業再生支援等の重要性が改めて認識されることとなったことを踏まえ、事業再生支援の一層の推進を図る」ことの重要性や、「経営改善・事業再生支援に関する積極的な取組み等」などを打ち出している。かかる社会・経済の動向を踏まえると、法的整理の債権者申立ての活用は、デット・ガバナンスを回復し、早期事業再生を可能とする一つの方策となりえ、研究会の趣旨と親和性があると考える。

第3 法的整理の債権者申立ての種類

1 手続選択

(1) 法的整理の債権者申立て以外の選択肢の検討

債権者による法的整理の申立ては、債権者の権利であるとはいえ、債務者の意向にかかわらず、債務者を裁判所による法的倒産手続下に置くという、ある意味、究極の手法であり、特殊な状況でのみ取りうる選択肢である。

そのため、金融機関としては、まず、債務者との協議を通じた債務者自身による早期経営改善、金融機関調整、準則型私的整理（中小企業活性化協議会手続、中小企業の事業再生等に関するガイドライン、事業再生ADR、地域経済活性化支援機構手続など）を検討し、それが奏功しない場合に、債務者と協議をしながら債務者申立てによる法的整理を検討するのが通常である。これらの選択肢について、債務者による主体的な事業再生・債務整理の検討が進まない場合には、担保権実行も含めた債務者との交渉や、ケースによっては主要株主や主要取引先などの利害関係人を関与させて調整を進めることもありうる。

しかしながら、以上のようなプロセスを経ても、なお、債務者による自主的な事業再生や債務整理が期待できない場合、あるいは財産の不当な流出、融資金の詐取、反社会的勢力の経営関与、債務者の姿勢の変化等により協議が困難になるなど、このような

プロセスを経ることが困難な場合には、債権者による法的整理の申立てが選択肢となってくるであろう。

前記**第2**のとおり〔p.8〕、「中小・地域金融機関向けの総合的な監督指針」が打ち出している「事業者の実情に応じた経営改善・事業再生支援フェーズへの転換」を実効あるものにするためにも、問題を先送りしない姿勢への転換を検討する必要があるように思われる。

⑵　**再建型・清算型のどちらを選択すべきか**

⑴のプロセスを経て、債権者による法的整理の申立てが債権者の現実的な選択肢となる場合、債権者としてどのような法的整理の申立てをすべきかが検討事項となる。

法的整理手続は、再建型と清算型に二分され、前者には会社更生・民事再生、後者には破産・特別清算の各手続がある（なお、本書では、紙幅の関係上、特別清算は取り扱わない）。

債権者申立てによる法的整理を行う際の手続選択にあたり、債権者としては、回収の極大化を目指す以上、清算型手続より弁済率（配当率）が上回る必要がある（清算価値保障原則。民再174条2項4号、会更199条2項、41条1項2号参照）再建型の会社更生・民事再生手続をまずは志向すると思われる。

また、債権者申立てにおいては、後述するレピュテーションリスクの問題もあるところ、再建型手続のほうが、申立てに際し、現経営陣のままでは毀損しかねない事業や従業員の雇用を守り、ひいては、地域経済への影響を最小限にとどめるためという大義を説明しやすく、「債権者金融機関が債務者企業を破産に追い込むトリガーをいきなり引いた」といった誹りも受けにくいのではないかと思われる。

もっとも、再建型の手続を選択するとしても、債権者は、債務者の直近の経営状況や財務状況、資金繰り等の内部事情を正確に把握しているわけではないから、どこまで再建の可能性を疎明できるかどうかの検討は必要である。

　繰り返しになるが、債権者による法的整理の申立ては、債務者の意向にかかわらず、債務者を裁判所による法的倒産手続下に置く究極の手法であり、特殊な状況でのみ取りうる選択肢である。究極の手法である以上、手続選択に際しては慎重な検討が求められるが、検討プロセスが不明確であると、債権者が過度に慎重になってしまい、いたずらに申立てを躊躇することにもなりかねない。

　そこで、上記を前提に、債権者申立てを選択肢として検討するに至る一般的なプロセスを「債権者申立てを検討する前段階および手続選択に関するフローチャート」として示した〔p.12〕。このフローチャートは、一般論であっても、どのような検討フローを経れば債権者申立てを現実的な選択肢として検討できるようになるのかを提示し、適切な債権者申立てを促す一助になることを趣旨とするものである。

　金融機関としては、第１段階として債務者との協議を通じた債務者自身による早期経営改善を促し、第２段階として金融機関調整、第３段階として準則型私的整理（中小企業活性化協議会手続、中小企業の事業再生等に関するガイドライン、事業再生ADR、地域経済活性化支援機構手続など）、第４段階として債務者申立てによる法的整理を検討することになり、これらが不調に終わった場合に債権者申立てを検討することが基本的なプロセスになると考えられる。

　また、第１段階から第４段階の各段階における協議を通じて債

【債権者申立てを検討する前段階および手続選択に関するフローチャート】

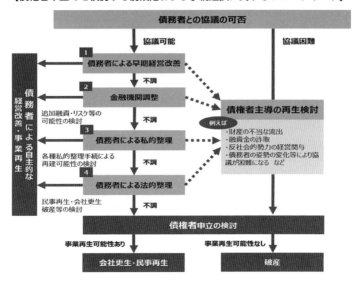

務者による自主的な経営改善・事業再生に移行するケースもある（最も望ましいのが第1段階における債務者による自主的な経営改善・事業再生であることはいうまでもなく、第2段階以降で移行するケースは金融機関による支援等が重要となる）。

もっとも、財産の不当な流出、融資金の詐取、反社会的勢力の経営関与、債務者が債権者との協議に応じない、といった事情が認められる場合には、債務者との協議を通じた債務者による自主的な経営改善・事業再生の取組みが困難あるいは意味をなさないことから、この第1段階から第4段階のプロセスの全部または一部を経ずに債権者申立てを検討することが必要なケースも想定される。

いずれにしても、債権者申立てに際しては、まず、債務者による自主的な事業再生の可能性の検討、自主的な再生可能性が難し

い場合には再建型の法的事業再生手続（会社更生・民事再生）、再生可能性がないのであれば清算型の法的倒産手続（破産）が選択肢となるという一連のプロセスにおいて、債権者が、債務者自身の状況（意向）を把握し適切な取組みを促していくことが重要になってくる。

(3) 会社更生手続を選択する場合の考慮要素

ア 管理型を原則とすること

再建型の法的整理手続である会社更生・民事再生のうち、どちらの手続を選択するかについては、両手続間の差異や各手続の特徴を踏まえて検討することになる。

債権者が債権者申立てによる法的整理手続を検討する場合、債務者企業の経営陣との信頼関係を維持することは困難となっており、また、現経営陣による不当な財産処分のおそれがある状況が多いため、債権者としては、まずは、債務者企業の経営権や財産の管理処分権を現経営陣から失わせ裁判所の選任する保全管理人・管財人によって手続が遂行される管理型を原則とする会社更生手続を検討することになろう。

イ 株式会社が対象であること

もっとも、会社更生手続は、債務者の法人格が株式会社である場合にのみ認められる手続のため（会更1条、4条）、それ以外の法人（たとえば、医療法人、学校法人、社団・財団法人等）に対する債権者申立てを行う必要がある場合は、後述の民事再生または破産を検討せざるをえない[1]。

ウ 担保権付債権、公租公課についても手続内拘束がされること

会社更生手続では、担保権は手続内に取り込まれ、その実行・

行使が制限され、その被担保債権が更生担保権（会更2条10項）として、更生債権等の他の権利に対する優先性を保障されつつも更生計画に基づいて集団的満足を受ける権利に転換される（会更168条3項）という特色がある。したがって、更生担保権となる債権を有する債権者としては、かかる取扱いを受けることを考慮した上で会社更生手続を申し立てる必要がある。また、（主に対象会社側からの視点ではあるが、）会社更生手続においては、包括的禁止命令が発令された場合、租税債権者の権利行使についても制限することが可能であること、会社更生手続開始決定から原則1年間は国税滞納処分をすることができず、既にされている国税滞納処分は中止すること（会更50条2項）、更生計画において徴収権者の意見を聴いた上で3年以内の納税の猶予や滞納処分による財産換価の猶予を定め、延滞税等についてカットすることが可能であること（会更169条）など、租税等の請求権についても一定の手続内拘束が可能であることから、対象会社において公租公課が重荷になっている場合は、これらの点も会社更生手続を選択する上で考慮要素となる。

エ　期間・費用・管轄

同じ再建型手続である民事再生手続と比較して、会社更生手続は担保権者や株主を取り込んだ大掛かりな手続であり、相対的に、手続期間も長くなり、予納費用等も高くなることが多い。後述のとおり〔p.23〕、債権者申立ての場合の予納金は、申立人である債権者が納付する必要があるが、開始決定後、共益債権として請

---

1)　なお、金融機関等の更生手続の特例等に関する法律における例外はあるが、金融機関による債権者申立てというテーマから離れることから、本稿では省略する。

求できる。

　また、会社更生手続は、民事再生手続のような債権者数による制約もなく東京地方裁判所または大阪地方裁判所にも管轄が認められている点も考慮要素となる（会更5条6項）。

⑷　民事再生手続を選択する場合の考慮要素
ア　DIP型を原則とすること

　民事再生手続は、債務者企業の経営陣が手続開始後もそのまま手続遂行・事業運営にあたるDIP型を原則としている。

　債権者申立ては、債務者との信頼関係が失われている状況や不当な財産処分のおそれがある中で検討されることが多いところ、民事再生手続において、現経営陣から債務者企業の経営権や財産管理処分権を失わせ裁判所選任の機関（保全管理人・管財人）によって手続遂行する管理型手続とするためには、債権者としては保全管理命令（民再79条）や管理命令（民再64条）の申立てを検討することになるが、後述するとおり〔p.31〕、債務者の積極的反対を受けながら管理命令が発令された事案は公表されていない。したがって、裁判所が管理型民事再生手続の開始（管理命令の発令）に慎重な運用を取っている点を踏まえて、債権者としては、「財産の管理又は処分が失当であるとき、その他再生債務者の事業の再生のために特に必要があると認めるとき」との発令要件との関係で、問題とされる債務者の行為等の悪質性や管理命令発令の必要性の程度、これを裏付ける疎明資料の内容等を総合考慮の上、裁判所に事前相談を行うなど、申立て前に管理命令発令の見通し等について慎重な見極め・検討が必要となる。

イ　すべての法人が対象であること

　前述のとおり〔p.13〕、民事再生手続は、株式会社のみを対象

とする会社更生手続と異なり、それ以外の法人（医療法人、学校法人、社団・財団法人等）を対象とすることが可能である。

ウ　担保権は別除権として手続外で行使可能であること

また、会社更生手続と異なり、民事再生手続においては、担保権の取扱いは別除権とされ、原則、手続外での権利行使がいつでも可能である。もっとも、事業上必要な担保物件については、再生債務者との間で別除権協定による受戻しが図られることが多い。

エ　期間・費用

会社更生手続との比較において、民事再生手続は手続期間も短く、東京地方裁判所の標準スケジュールでは申立てから計画認可までの期間が5か月とされている。また、費用も会社更生手続と比較して相対的に低額となっている。

(5)　破産手続を選択する場合の考慮要素

ア　清算型手続であること

再建型の手続である会社更生手続・民事再生手続と異なり、破産手続は、清算型の手続である。債権者としては、債務者企業の事業性に乏しく、事業再建が期待できない場合や、債務者企業の経営陣が不誠実な態度を取っており、経営責任を追及し、経営実態を解明する必要がある場合、偏頗的な弁済や資産隠匿が行われまたはそのおそれがあり、裁判所の公正な手続の下で換価処分や財産回復を図るべき場合等には、破産手続の申立てが選択肢となりうる。もっとも、申立債権者の破産債権は、他の破産債権者と同一の取扱いとなるため、破産財団の形成が一定の規模以上とならなければ、債権回収が見込めない事態もありうる。

なお、多額の公租公課の滞納等の理由により再建型手続で要求されている清算価値以上の弁済の見込みが立たない、あるいは、

再建型手続における事業譲渡までの資金繰りが持たない、といったケースでは、清算型手続である破産手続の中で、裁判所の選任する保全管理人または管財人の主導の下、事業価値のある一部事業を譲渡する（譲渡してもらう）、といった方法もある。

イ　すべての法人が対象であること

　破産手続では、民事再生手続と同様、債務者法人の種類を問わずすべての法人が対象となる（特別清算手続は株式会社のみを対象とする）。

ウ　担保権は別除権として手続外で行使可能であること

　破産手続においては、民事再生手続と同様、担保権の取扱いは別除権とされ、原則、手続外での権利行使がいつでも可能である。もっとも、通常、担保物件の処分については、任意処分によるほうが回収額が多くなることが期待されるところ、破産手続における処分は、時間的制約等があるため、売却価格が低くなる可能性がある。また、管財人が担保物件の処分をする場合には、換価金の中から一定の割合による財団組入れを要請されるのが通常である。

エ　費　用

　債権者申立ての場合の予納金は申立人である債権者が納付する必要があるが、破産管財人報酬に次ぐ財団債権として請求できることとなる。もっとも、破産手続は清算手続であり、一定規模の財団形成は期待できない可能性があるため、予納金が返還される保障はない。したがって、（再建型でも同様ではあるが）債権者としては、予納金の回収可能性を踏まえて破産手続を申し立てるかどうかを検討する必要がある。

2 会社更生の債権者申立て

(1) 債権者申立ての要件

　債権者が、債務者である株式会社に対して会社更生手続を申し立てるためには、当該株式会社の資本金の額の10分の1以上に当たる債権を有することが必要である（会更17条2項1号）。

　この債権の額は、債権者が複数の共同申立ての場合には合算で満たせば足りる。

(2) 管　轄

　更生事件の管轄は専属管轄であり（会更6条）、株式会社の主たる営業所、本店所在地を管轄する地方裁判所、親会社または子会社の管轄がある地方裁判所のほか（会更5条1項〜5項）、会社更生手続に関する知識・経験や体制等が整っている東京地方裁判所または大阪地方裁判所にも認められている（同条6項）。

(3) 開始原因

　会社更生手続の開始原因は、①破産手続開始の原因となる事実が生ずるおそれがある場合、②弁済期にある債務を弁済することとすれば、その事業の継続に著しい支障を来すおそれがある場合であるが（会更17条1項）、債権者申立ての場合は、①の場合に限られる（同条2項柱書）。

　会社更生手続は、株式会社のみについて認められるが、法人の破産手続開始の原因は支払不能または債務超過であるから（破16条1項）、更生手続開始の原因としては、被申立会社について支払不能または債務超過の事実が生じるおそれがあれば足りる。なお、「生じるおそれがある場合」とは、事態がそのまま推移す

れば、支払不能または債務超過が生じることが客観的に予測されることを意味すると解されている。債務超過であるか否かは、主に保全管理人または調査委員の作成する調査報告書中の貸借対照表をもって認定される[2]。

また、会社更生手続が開始されるためには、申立棄却事由（会更41条1項各号）がないことが必要である。

(4) 申立書の記載事項・添付資料

ア　申立書の記載事項

申立書の必要的記載事項は、①申立人の氏名・住所、②株式会社の商号、本店所在地、代表者の氏名・住所、③申立ての趣旨、④開始原因となる事実、⑤申立人が債権者であるときは、その有する債権の内容および原因、⑥申立人が株主であるときは、その有する議決権の数である（会更規11条各号）。そのほか、訓示的な記載事項としては、会社の目的、会社の事業内容・状況、会社の資産・負債その他の財産の状況等、会社更生規則12条1項各号の事項がある。ただし、債権者申立ての場合、申立人が知らず、かつ、知ることが著しく困難なものは記載する必要はない（同項ただし書）。

イ　添付資料

申立書の添付書類は、①登記事項証明書、②定款、③申立日前3年以内の貸借対照表・損益計算書、④株主名簿、新株予約権原簿および社債原簿、⑤労働協約または就業規則、⑥更生債権者一覧表、⑦更生担保権者一覧表、⑧財産目録、⑨申立日前1年間の

---

2) 東京地裁会社更生実務研究会編『最新実務　会社更生』（金融財政事情研究会、2011年）48頁。

資金繰り実績表、申立日以後6か月の資金繰り予定表である（会更規13条1項各号）。

　ただし、債権者申立ての場合、申立人が保有しておらず、かつ、作成・添付が著しく困難なものについては添付する必要はない（会更規13条1項ただし書）。

(5)　会社更生事件に占める債権者申立ての割合等

　会社更生事件の申立てが集中する傾向にある東京地方裁判所における2003（平成15）年から2023（令和5）年までの会社更生事件の新受件数とそのうちの債権者申立事件の件数は、それぞれ276件、122件であって、会社更生事件の約4割が債権者申立事件である。特に、2013（平成25）年以降の11年間で見ると、件数にして75件中58件、割合にして約77%と、統計上、会社更生事件においては、債権者申立ての件数が比較的多い傾向にあるといえる[3]。

(6)　会社更生の債権者申立ての一般的な流れ・スケジュール
ア　会社更生手続の一般的な流れ

　会社更生手続は、通常、①事前相談・申立て、②保全措置、③開始決定、④債権の届出・調査・確定、⑤財産評定、⑥更生計画案の提出・決議・認可、⑦更生計画の遂行、⑧更生手続の終結という流れで進行する。

　また、債権者申立ての場合、裁判所は、更生手続開始申立てに

---

3)　大竹昭彦「会社更生事件の過去・現在・未来」伊藤眞ほか編『多比羅誠弁護士喜寿記念論文集・倒産手続の課題と期待』117頁以下（商事法務、2020年）、なお、平成15年以降の債権者申立件数は、多比羅誠ほか「債権者申立代理人報酬の共益（財団）債権性」本書152頁参照。

ついて決定する前に開始前会社の代表者を審尋する必要がある（会更 22 条 2 項）。

　イ　スケジュール

　東京地方裁判所の標準的スケジュールでは、申立てから認可決定までは 1 年、開始決定から更生計画案の提出期限までは 9 か月、認可決定から終結決定まで（更生計画の遂行期間）は 1 〜 2 か月から 10 年とされている。もっとも、平成 14 年以降に施行された会社更生法の下では、9 割近くが認可決定から 2 年以内で終結決定に至っている[4]。

　ウ　事前相談・予納金

　会社更生の申立てにあたっては、通常、裁判所との間で事前相談が行われる。事前相談の申入れは、会社が申し立てる通常の事案であれば、申立ての 2 週間程度前に行われることが多いとのことであるが、事案によっては 1 〜 2 か月前から行われることも、数日前に迫ってから行われることもあるとされる[5]。債権者申立ての場合であれば、それ以上の時間がかかることが多いと思われる。事前相談では、申立ての確度・見通し、更生手続開始見通し、保全措置の必要性や内容、予納金納付の見込み等について確認される。

　予納金の金額は、開始前会社の事業の内容、資産および負債その他の財産の状況、更生債権者等となることが見込まれる者および株主の数、保全管理命令、監督命令または更生手続開始前の調査命令の要否その他の事情を考慮して定められる（会更規 15 条 1 項）。

---

4)　東京地裁会社更生実務研究会編・前掲（注 2）16 頁。
5)　東京地裁会社更生実務研究会編・前掲（注 2）35 頁。

裁判所において一定の基準を定めているが、東京地方裁判所では、下記の表のとおり、負債総額に応じた予納金基準額を公表しており[6]、上場・非上場の別、負債総額、資本金額、債権者数等の諸事情を考慮して決定される。なお、債権者申立ての場合、予納金は、会社申立ての場合よりも高額に設定されている。

【東京地方裁判所民事第20部（倒産部）における会社更生事件の予納金基準】

管理型

負債総額		予納金基準額	
		自己申立て	債権者・株主申立て
	10億円未満	800万円	1200万円
10億円〜	25億円未満	1000万円	1500万円
25億円〜	50億円未満	1300万円	1950万円
50億円〜	100億円未満	1600万円	2400万円
100億円〜	250億円未満	1900万円	2850万円
250億円〜	500億円未満	2200万円	3300万円
500億円〜	1000億円未満	2600万円	3900万円
	1000億円以上	3000万円	4500万円

DIP型

負債総額		予納金基準額
	10億円未満	560万円
10億円〜	25億円未満	700万円
25億円〜	50億円未満	910万円
50億円〜	100億円未満	1120万円
100億円〜	250億円未満	1330万円
250億円〜	500億円未満	1540万円
500億円〜	1000億円未満	1820万円
	1000億円以上	2100万円

債権者申立ての場合、申立人である債権者が予納金を納付することとなるが、開始決定がなされた場合、申立てから開始決定までに要した費用を支払った後の予納金の残額は返還される。この予納金から支払われた申立てから開始決定までの費用は、共益債権となるから（会更127条1号）、予納金を納付した申立人である債権者は、管財人に対して当該金額を共益債権として請求することになる。なお、債権者申立ての場合の申立代理人の弁護士費用については、現在の実務上は、共益債権とはされていないのが実情である[7]。

エ　申立てと同時に発令する保全措置の検討

会社自身による申立ての場合、保全措置として、申立てと同時に保全管理命令（会更30条）が発出されることが多いが、事前相談の内容に応じて、中止命令（会更24条）や包括的禁止命令（会更25条）等の保全措置が講じられることもある。

他方、債権者申立ての場合、申立人側において、被申立会社の経営状況や財務状況、資金繰りなどを正確に把握しているとは限らない。そのため、保全措置としては、保全管理命令ではなく、調査命令（会更39条）の発令にとどめ、調査期間中に、開始前会社の実情を把握し、代表者の審尋を経て、開始決定を行うかどうかを判断することが多い。もっとも、現経営陣を直ちに排除すべきことが明らかとまではいえないが、現経営陣による妨害や会社資産が流出するおそれがある場合などは、経営権に監督を及ぼすため、監督命令（会更35条）兼調査命令を発令されることがある。また、債権者申立ての場合でも、申立人側が保有する資料

---

6)　裁判所 HP（https://www.courts.go.jp/tokyo/saiban/minzi_section20/
　　situmonn_tousannbu/index.html）「会社更生手続について」Q7参照
　　（2025年1月6日最終閲覧）。
7)　多比羅ほか・前掲（注3）151頁。

から会社の財務内容等が把握でき、現経営陣の経営に問題があることが明らかである場合は、申立てと同時に保全管理命令を発令することもある。

いずれにせよ、保全措置の内容に応じて、発令後に経営権の掌握や監督をいかに実効的に行えるかが重要であり、印鑑・通帳などの重要物や現預金の確保、事業オペレーションや資金繰りを維持するための準備など、発令後の段取りを十分に検討しておく必要がある。

(7) 開始決定後の債権の取扱い

更生債権とは、更生会社に対し更生手続開始前の原因に基づいて生じた財産上の請求権または会社更生法2条8項各号の権利であって、更生担保権や共益債権に該当しない債権（同項）をいい、一般の更生債権のほか、優先的更生債権[8]（会更168条1項2号）、約定劣後更生債権[9]（会更43条4項1号）がある。優先的更生債権は、一般の更生債権より有利に取り扱われ、約定劣後更生債権は、一般の更生債権よりも劣後的に取り扱われる（会更168条3項）。

更生担保権とは、更生手続開始当時更生会社の財産につき存する担保権（特別の先取特権、質権、抵当権、商事留置権）の被担保債権であって更生手続開始前の原因に基づいて生じたものまたは会社更生法2条8項各号の権利（共益債権を除く）のうち、当該

---

8) 一般の先取特権その他一般の優先権がある更生債権をいう。

9) 更生債権者と更生会社との間において、会社更生手続開始前に、当該会社について破産手続が開始されたとすれば当該破産手続におけるその配当の順位が破産法99条1項に規定する劣後的破産債権に後れる旨の合意がされた債権をいう。

担保権の目的である財産の更生手続開始時の時価の範囲のものをいう（同条10項）。

更生債権と更生担保権は、更生手続開始後、原則として、更生計画の定めによらなければ弁済を受けられない（会更47条1項）。また、更生手続開始後、担保権を実行することはできず、既にされている担保権の実行手続は中止される（会更50条1項）。

更生計画の内容は、原則として、同一の種類の権利を有する者の間では平等でなければならないが（会更168条1項）、異なる権利を有する者の間においては、①更生担保権、②優先的更生債権、③一般の更生債権、④約定劣後更生債権、⑤優先株式、⑥⑤以外の株式の順で、公正かつ衡平な差を設ける必要がある（同条3項）。

更生計画案の決議は、権利の種類によって組分けし、それぞれの組に分かれて行うが（会更196条1項）、実務上は決議手続の複雑化を避けるため、更生債権者の組と更生担保権者の組の2つに分かれて決議されるのが通例である（更生会社は債務超過に陥っている場合が多く、株主は議決権を有しない場合が多い）。更生計画案を可決するには、更生債権者の組では、議決権を行使できる更生債権者の議決権の総額の2分の1を超える同意、更生担保権者の組では、①期限の猶予を定める場合は、議決権を行使できる更生担保権者の議決権の総額の3分の2以上の同意、②減免その他猶予以外の方法を定める場合は、議決権を行使できる更生担保権者の議決権の総額の4分の3以上の同意、③更生会社の事業の全部の廃止を内容とする場合は、議決権を行使できる更生担保権者の議決権の総額の10分の9以上の同意が必要である（会更196条5項）。

共益債権は、更生債権者等および株主の共同の利益のために

する裁判上の費用の請求権や更生会社の事業経営等のための費用、更生計画を遂行する上で要した費用等である（会更127条各号）。また、保全管理人が開始前会社の業務および財産に関し権限に基づいてした資金の借入れ等も共益債権となる（会更128条1項）。そのほか更生手続開始前6か月間の使用人の給料等の請求権（会更130条1項）、更生手続開始前の原因に基づいて生じた源泉所得税等で更生手続開始当時に納期限の到来していないもの（会更129条）等も共益債権となる。

共益債権は、更生計画の定めるところによらないで随時、更生債権等に先立って弁済される（会更132条）。

3 民事再生の債権者申立て

(1) 債権者申立ての要件

民事再生手続においても、会社更生手続や破産手続同様、債権者による申立てが認められている（民再21条2項）。

民事再生手続の場合、会社更生手続と異なり申立債権者の債権額に関する制限（会更17条2項1号）はなく、また、履行期未到来または条件付きの債権者も別除権者（民再53条）のように再生手続によらないで権利行使可能な債権者であっても申立債権を有すると解されている[10]。

(2) 管 轄

法人の民事再生手続の管轄裁判所は、原則として、再生債務者

---

10) 園尾隆司＝小林秀之編『条解民事再生法〔第3版〕』（弘文堂、2013年）102頁〔瀬戸英雄〕。

の主たる営業所の所在地を管轄する地方裁判所である（民再5条1項）が、親子会社の民事再生の場合にその一方の再生事件が既に係属している場合には他方の再生申立ても同一裁判所にすることができ（同条3項・4項）、法人またはその代表者の一方の再生事件が既に係属している場合には他方の再生申立ても同一裁判所にすることができ（同条6項）、再生債権者の数が500人以上の場合には管内の高等裁判所所在地の地方裁判所も管轄を有し（同条8項）、再生債権者の数が1,000人以上の場合には東京地方裁判所または大阪地方裁判所も管轄を有する（同条9項）、とされるなど法文上さまざまな拡大規定があり、民事再生事件を迅速かつ適切に処理するための手当てがなされている。

(3) 開始原因

　民事再生手続の開始原因は、①破産手続開始の原因となる事実の生ずるおそれがあるとき、②事業の継続に著しい支障を来すことなく弁済期にある債務を弁済することができないとき、であるが（民再21条1項）、債権者申立ての場合は、①の場合に限られる（同条2項）。

　法人の破産手続開始の原因は支払不能または債務超過であるから（破16条1項）、法人債務者に対する債権者申立てによる民事再生手続開始の原因としては、被申立会社について支払不能または債務超過の事実が「生じるおそれ」があれば足りる。なお、「生じるおそれがある場合」とは、事態がそのまま推移すれば、支払不能または債務超過が生じることが客観的に予測されることを意味すると解されている。

　また、再生手続が開始されるためには、申立棄却事由（民再25条各号）がないことが必要である。

⑷ 申立書の記載事項・添付資料

ア 申立書の記載事項

申立書の必要的記載事項は、①申立人の氏名・住所、②再生債務者の氏名・住所、法定代理人（代表者）の氏名・住所、③申立ての趣旨、④開始原因となる事実、⑤再生計画案の作成の方針についての申立人の意見である（民再規12条1項各号）。なお、⑤再生計画案の作成の方針についての申立人の意見の記載は、できる限り、予想される再生債権者の権利の変更の内容および利害関係人の協力の見込みを明らかにしてしなければならない、とされている（同条2項）。また、規則上明定されていないが、上記①〜⑤に加えて、⑥申立債権者の有する債権の存在および内容も記載する必要がある。

そのほか、任意的記載事項として、法人の目的・役員の氏名・株式または出資の状況その他の当該法人の概要、法人の事業内容・状況・営業所または事務所の名称・所在地・使用人その他の従業員の状況、資産・負債その他の財産の状況等、民事再生規則13条1項各号の事項がある。なお、同条1項には、「債権者申立ての場合、申立人が知らず、かつ、知ることが著しく困難なものについては、この限りではない。」（会更規12条1項ただし書）といった規定はないものの、民事再生規則12条に規定する必要的記載事項と異なり、同規則13条1項は訓示的規定であることから、債権者が再生手続開始の申立てをするときには、可能な限り同項に掲げる事項の記載をすれば足りるとされており、記載がなくてもそのことだけで申立てが却下されるわけではない[11]。

---

11) 最高裁判所事務総局民事局監修『条解民事再生規則（新版）』（法曹会、2005年）36頁。

イ　添付資料

　法人債務者に対する債権者申立ての場合の申立書の添付書類は、①定款または寄付行為・登記事項証明書、②債権者の氏名・住所並びにその有する債権および担保権等の内容を記載した債権者一覧表、③財産目録、④申立日前3年以内の貸借対照表・損益計算書、⑤申立日前1年間の資金繰り実績表、申立日以後6か月間の資金繰り予定表である（民再規14条1項各号）。なお、同項には、「申立人が保有しておらず、かつ、入手、または作成が著しく困難なものについては、この限りではない。」（会更規13条1項ただし書）といった規定はないものの、民事再生規則13条1項同様、同規則14条1項は訓示的規定に過ぎず、「……（添付）するものとする。」との表現が用いられており、添付書面の提出がないことだけをもって申立てが不適法却下されるわけではない[12]。

(5) DIP型手続を原則とする民事再生における債権者申立てと管理型再生手続

ア　DIP型再生手続と管理型再生手続

　民事再生手続は、会社更生手続や破産手続と異なり、手続開始後も、（裁判所が選任する管財人等が手続を遂行するのではなく、）再生債務者自身が引き続きその業務を遂行し、財産の管理処分権を有する（いわゆる「DIP型」）のが原則とされ（民再38条1項）、管財人等による管理を命ずる処分（管理命令等）が発令されるのは、再生債務者（法人に限られる）の「財産の管理又は処分が失当であるとき」か「その他再生債務者の事業の継続／再生に特に必要があると認めるとき」の例外的場合に限定される（同条3項、

---

12)　最高裁判所事務総局民事局監・前掲（注11）42頁。

64 条 1 項、79 条 1 項）。

　他方、債権者申立ての場合、申立債権者が再生債務者の現経営陣の排除を望み、再生債務者側でも、再生手続の開始に反対し、協力しないのが通常である[13]。

　そのため、債権者申立ての場合、手続進行にあたって、①調査命令（民再 62 条）により調査委員を選任して、開始要件や再生可能性、管理命令等の発令要件の存否を検討させたり、②再生手続開始申立てから同決定までの間に保全管理命令（民再 79 条）により保全管理人を、③再生手続開始決定後には管理命令（民再64 条）により管財人を、それぞれ選任させたりする必要（DIP 型と異なる管理型手続による進行）が想定される。

イ　管理命令の発令状況

　東京地方裁判所では、従前、管理命令を極めて例外的なものとして扱っておりほとんど発令事例がなかった[14]が、2010（平成 22）年 1 月から運用が改められ、2013（平成 25）年 9 月までに9 件、2014（平成 26）年 1 月〜2019（令和元）年 9 月までの 6 年9 か月間で申立件数 329 件に対して管理命令の発令件数は 14 件（発令率約 4.3%）であった[15]。

　大阪地方裁判所では、2000（平成 12）年の民事再生法施行直後

---

13)　債権者申立件数が少ない状況については、多比羅誠ほか・前掲（注 3）152 頁参照。

14)　2003（平成 15）年までに 6 件の管理命令申立てがあり、5 件は却下され、1 件のみ管理命令が発令されたにとどまり、その後も 2009（平成21）年 3 月まで発令事例がなかった、とのことである（中井康之「管理命令の現状と課題」事業再生研究機構編『民事再生の実務と理論』（商事法務、2010 年）14 頁）。

15)　全国倒産処理弁護士ネットワーク編『通常再生の実務 Q&A150 問』（金融財政事情研究会、2021 年）60 頁〔進士肇〕。

から、比較的多く使われてきたとのことであり、2000（平成12）年4月1日から2008（平成20）年7月31日までの8年4か月間で申立件数702件に対する管理命令の発令件数は42件[16]（発令率約6.0%）であった[17)・18)]。

　再生手続がDIP型手続を原則とし、管理命令によらず、まず再生債務者の自主的な判断・努力をもって経営の健全化が図られるのが本来の姿であり、実務的にも再生債務者代理人弁護士のリードによって経営者の交代が行われる案件が相当数あることから、東京地方裁判所、大阪地方裁判所とも、管理命令発令には基本的に慎重な考え方を取っているとされている。

　そして、東京地方裁判所においては、原則として、管理型の手続が相当であるとの調査委員や監督委員の意見を得た上で、再生債務者の審尋（民再64条3項本文）を実施して再生債務者も管理型手続をとることに事実上の同意を表明した場合に限り発令する運用を採用しており、これまでのところ、再生債務者の反対にもかかわらず管理命令を発令した事例はない[19)・20)]、とのことであ

---

16)　同期間における管理命令の発令総件数81件から、民事再生法251条に基づいて破産法上の保全処分が準用されるまでの間（改正前の民再法16条の2）に保全管理命令の趣旨で代用的に管理命令を用いた「代用型」の39件を除いた件数。

17)　全国倒産処理弁護士ネットワーク編・前掲（注15）61頁〔進士〕、小久保孝雄ほか「大阪地方裁判所第六民事部における倒産処理事件の概況」民事法情報265号（2008年）37頁）。

18)　東京地方裁判所と大阪地方裁判所の管理命令発令件数を同期間で比較対照した統計としては、2015（平成27）年1月から2019（平成31）年12月までの5年間を集計したものとして、東京地方裁判所は申立件数256件に対して管理命令発令件数9件（発令率約3.5%）、大阪地方裁判所は申立件数53件に対して管理命令発令（実質）件数1件（発令率約1.9%、関連事件4件を実質1件としてカウント）が挙げられる（全国倒産処理弁護士ネットワーク編・前掲（注15）190頁〔宮本圭子〕）。

る。

(6) 民事再生の債権者申立ての一般的な流れ・スケジュール

ア 民事再生手続の一般的な流れ

民事再生手続は、通常、①事前相談・申立て、②保全処分・監督命令、③開始決定、④債権の届出・調査・確定、⑤財産評定、⑥再生計画案の提出・決議・認可、⑦再生計画の遂行、⑧再生手続の終結、という流れで進行する。

この点、債権者申立てによる民事再生手続の場合、会社更生手続と異なり、「裁判所は、当該申立てについての決定をするには、開始前会社の代表者を審尋しなければならない。」（会更22条2項）といった規定はないものの、前述のとおり〔p.31〕、管理型再生手続による管理命令（や保全管理命令）発令に当たり、原則として、債務者審尋が行われるため（民再64条3項、79条1項）、結果的に、再生債務者代表者の審尋が実施されることとなる。

イ スケジュール

東京地方裁判所の通常再生事件の標準的スケジュールでは、申立てから開始決定まで1週間、再生計画案の提出期限までは3か

---

19) 館内比佐志ほか『民事再生の運用指針』（金融財政事情研究会、2018年）35～36頁、永谷典雄ほか編『破産・民事再生の実務〔第4版〕民事再生・個人再生編』（金融財政事情研究会、2020年）210頁。

20) 大阪地方裁判所では、「当部では、利害関係人が管理命令の申立てをした場合に加えて、再生債務者が自ら管理命令の申立てをした場合、監督委員から管理型手続とすることが相当であるとの意見があった場合のいずれについても、原則として再生債務者の審尋を実施している。監督委員から管理型手続とすることが相当であるとの意見があった場合には、管理命令発令の必要性等について再生債務者の審尋を行い、再生債務者の意見を十分に聴いた上で、管理命令の発令の要否を判断している。」（下線著者）（森純子＝川畑正文編著『民事再生の実務』（商事法務、2017年）101頁〔千賀卓郎〕）とされている。

月、債権者集会・認可決定まで5か月、とされている。もっとも、これは再生債務者自身が民事再生手続を自ら申し立てる場合であり、債権者申立ての場合は、開始までに（保全開始命令や管理命令の発令の要否等の審査のため）債務者審尋を経ることが原則であり、開始までに数週間から数か月かかると思われ、その後のスケジュールもその分後ろ倒しになる（計画案の策定も標準スケジュールよりも期間を要する事案が多い）と思われる。

ウ　事前相談・予納金

債権者申立てによる民事再生の申立てにあたっては、裁判所との間で事前相談を行うことが想定される[21]。

事前相談では、申立ての確度・見通し、再生手続開始見通し、保全管理命令・管理命令の必要性や内容、予納金納付の見込み等について確認される。

予納金の金額は、再生債務者の事業の内容、資産および負債その他の財産の状況、再生債権者の数、監督委員その他の再生手続の機関の選任の要否その他の事情を考慮して定められる（民再規16条1項前段）。債権者申立てによる場合、再生手続が開始されれば、再生手続開始の申立ての費用その他の手続費用は再生債務者が最終的には負担すべきものである（民再119条1号・4号）から、裁判所は、そのことも考慮して予納金額を定めることとしている（民再規16条1項後段）。そして、債権者申立ての場合、申立人である債権者が予納金を納付することとなるが、開始決定

---

21)　東京地方裁判所では、特殊な事件で、申立代理人から要請がある場合を除き、申立て前の裁判官による事前相談等は実施しておらず、申立ての3日前までに「再生事件連絡メモ」に必要事項を記載して、再生債務者の登記事項証明書とともにFAX送信する運用とされているが、債権者申立ての事案では、「特殊な事件」類型として事前相談を行うことが想定される。

がなされた場合、申立てから開始決定までに要した費用を支払った後の予納金の残額は返還され、また、この予納金から支払われた申立てから開始決定までの費用は、共益債権となるから（民再119条1号）、予納金を納付した申立人である債権者は、管財人等に対して当該金額を共益債権として請求することになる。なお、債権者申立ての場合の申立代理人の弁護士費用については、会社更生の場合と同様、現在の実務上は、共益債権とはされていないのが実情である。

　予納金については裁判所において一定の基準を定めており、東京地方裁判所においても、下記の表のとおり、「通常の民事再生事件申立要領」で負債総額を考慮要素として10ランクに分けた基準表[22]を目安に予納金を定める運用である。ただし、債権者申立事件の場合、調査委員を選任して調査を行い、その後事案に応じて保全管理人や管財人を選任して手続を進める事案や、申立債権者と再生債務者との対立が激しく再生計画案の立案が極めて困難な事案が少なくなく、予納金もこれらの事情を踏まえて個別に決定されることから、基準額を上回る例もある、とされている[23]。

エ　申立てと同時に発令する保全処分等の検討

　再生債務者自身による申立ての場合、保全処分として、申立てと同時に弁済禁止の保全処分（民再30条6項）が発出されることが通例であるが、事前相談の内容等に応じて、中止命令（民再26条）や包括的禁止命令（民再27条）等の措置が講じられることも

---

22)　裁判所HP（https://www.courts.go.jp/tokyo/saiban/minzi_section20/situmonn_tousannbu/index.html）「民事再生手続について」Q4、Q5参照（2025年1月6日最終閲覧）。
23)　館内ほか・前掲（注19）78頁。

【東京地方裁判所民事第20部（倒産部）における民事再生事件（法人）の予納金基準】

負債総額	予納金基準額
5000万円未満	200万円
5000万円〜　1億円未満	300万円
1億円〜　5億円未満	400万円
5億円〜　10億円未満	500万円
10億円〜　50億円未満	600万円
50億円〜　100億円未満	700万円
100億円〜　250億円未満	900万円
250億円〜　500億円未満	1000万円
500億円〜1000億円未満	1200万円
1000億円以上	1300万円

ある。

　他方、債権者申立ての場合、申立債権者において、再生債務者の経営状況や財務状況、資金繰りなどを正確に把握しているとは限らない。そのため、申立てと同時に原則選任される監督委員が、あるいは、調査命令に基づき選任される調査委員が、申立て後開始決定までの間（調査期間中）に、再生債務者の実情を把握し、代表者等の審尋を経て、開始決定を行うかどうか（管理命令や保全管理命令の発令の要否等）を判断することが通例である。また、申立債権者が保有する資料から会社の財務内容等が把握でき、現経営陣の経営に問題があることが明らかである場合は、民事再生申立てと同時に「再生債務者の財産の管理又は処分が失当であ

るとき、その他再生債務者の事業の継続のために特に必要であるとき」として、現経営陣を直ちに排除すべきことを主張して、民事再生手続申立てにつき開始決定がなされるまでの間、保全管理人による管理を命ずる処分を求めることもある。

いずれにせよ、債権者申立ての事案においては、保全措置の内容に応じて、発令後に経営権の掌握や監督をいかに実効的に行えるかが重要であり、印鑑・通帳などの重要物や現預金の確保、従業員の協力取付けや事業オペレーション・資金繰りを維持するための準備など、発令後の段取りを十分に検討しておく必要がある。

(7) 開始決定後の債権の取扱い

担保権のない一般の再生債権（再生債務者に対し再生手続開始前の原因に基づいて生じた財産上の請求権のうち、共益債権[24]や一般優先債権[25]以外の債権。民再84条1項）については、債権届出期間内に債権届出（民再94条1項）を行った上、再生債務者による届出債権の認否および債権調査（民再100条、101条）を経て、異議等のない債権については再生計画に従った権利変更・弁済を受けることとなり（民再179条1項・2項）、異議等のある債権については査定・異議の訴え等（民再105条～107条）によって債権額の確定を行うこととなる。

---

24) 共益債権とは、再生手続開始後に生じた再生債務者の業務、生活ならびに財産の管理および処分に関する費用の請求権など（民再119条各号）であり、再生手続によらないで、再生債権に先立って随時弁済を受けられる債権のことをいう（民再121条1項・2項）。

25) 一般優先債権とは、「一般の先取特権その他一般の優先権がある債権（共益債権であるものを除く。）」のことをいい（民再122条1項）、具体的には、租税公課や従業員の賃金債権などがこれにあたり、共益債権同様、再生手続によらないで随時弁済を受けられる（同条2項）。

再生手続開始の時において再生債務者の財産につき担保権を有する債権は別除権付債権とされ、当該別除権は再生手続によらないで権利行使可能とされている（民再53条1項・2項）。実務上は、事業の用に供している再生債務者の不動産等に担保権が設定されている場合、再生債務者との間で別除権協定を締結し、別除権の目的となっている担保物件の評価額や被担保債権の弁済方法について合意を取り交わした上で、再生債務者が当該担保物件を継続利用できるようにしつつ、別除権者が別除権評価額に相当する債権額の回収を行うのが一般的である。なお、別除権の評価額について、別除権者と再生債務者等との間で折り合わない場合に、再生債務者等が裁判所により定められた別除権評価額の弁済をもって別除権を強制的に消滅させることのできる担保権消滅許可申立てという制度がある（民再148条）。

4 破産の債権者申立て

　以上述べたように、債権者申立てによる法的整理を行う際はまずは再建型の会社更生を目指すが、債務者企業の事業継続を内容とする再建（支援者候補の選定の見通しを含む）の見込みが立たない場合や債務者企業を清算してでも裁判所による公正な手続の下での債権の回収を図るべきと考える場合などにおいては、債権者は破産手続の申立てを検討することになる。以下では破産手続の債権者申立ての概要について述べる。

　なお、後述するように〔p.38〕、債務者企業自らが破産手続開始の申立て（自己申立て）をする場合と異なり、債権者が申立てをする場合には、①申立債権者が債務者企業に対し債権を有することおよび②破産手続開始原因事実の存在の「疎明」が必要と

される。しかし、申立要件・開始要件（破産手続開始原因事実の存在）自体については、自己申立ても債権者申立ても相違はなく、債務者企業に破産手続開始原因事実の存在が認められる限り、債権者による破産申立ては法的に許容されていることに留意すべきである。

(1) 債権者申立ての要件

破産手続の申立ての要件（裁判所が申立てを受理するための要件）は以下のとおりとなっている。

ア 申立適格

債権者である必要がある（破18条1項）。頭数要件はないので、債権者1名にて申立可能であり、同種の債権を持つ債権者複数名をもって申し立てる必要はない。債務者に対して直接債権を持つものでなくても、債権者の債権を行使できる第三者（差押債権者や債権者代位権利者など）であっても申立適格が認められる。

イ 債権の存在の疎明 [26]

債権者は、まず、自己が債権を有することを疎明する必要がある（破18条2項）。保有する債権の残高や債権の種類や発生原因に関する要件はない。破産債権となるものは当然、優先的破産債権となるものであってもよい。

ウ 破産手続開始原因事実の疎明

また、債権者は、破産手続開始の原因となる事実を疎明する必

---

26) 疎明とは、事実の存否について一応の確からしさを示すことを意味する。また、疎明は、即時に取り調べることができる証拠によって行う必要があり（破13条、民訴188条）、通常、書証をもって行うこととなる。他方、証明は、事実の存否について確信を抱かせるものであることを要し、疎明より高度なものが求められる。

要がある（破18条2項）。破産手続開始原因事実とは、個人であれば支払不能（破15条1項）、法人であれば支払不能または債務超過である（破16条1項）。また、支払停止は支払不能を推定させる（破15条2項）。

(2) 管　轄

破産申立ては、債務者が営業者である場合は主たる営業所の所在地を管轄する地方裁判所に、債務者が営業者でない場合は債務者の普通裁判籍（民訴4条）の所在地を管轄する地方裁判所に行う（破5条1項）。いずれにも該当するものがない場合は債務者の財産の所在地を管轄する地方裁判所に申し立てる（同条2項）。なお、債権者が500人以上の場合には、上記による管轄裁判所の所在地を管轄する高等裁判所の所在地を管轄する他の地方裁判所にも申し立てることができる（同条8項）。

また、親子関係にある会社（破5条3項）や連結子会社（同条5項）について、一方に破産事件、民事再生事件、会社更生事件が係属しているとき、他方についての申立ては一方の事件が係属している裁判所にもすることができる。法人とその代表者も同様である（同条6項）。

なお、債権者が1,000人以上の場合は、上記にかかわらず東京地方裁判所または大阪地方裁判所に申立てをすることができる（破5条9項）。

(3) 開始要件

開始要件（裁判所が手続開始決定を出すための要件）は以下のとおりとなっている。

①　破産手続開始原因事実の存在（破30条1項柱書）

申立要件としては疎明でよいところ、開始要件としては証明が必要とされる[27]。

②　費用の予納がなされていること（破30条1項1号）

③　不当目的での申立てその他不誠実な申立てでないこと（破30条1項2号）

破産による清算ではなく、申立ての取下げを条件として有利に債務者と交渉することを専らの目的とする申立ての場合や、人的な関係を背後として専ら嫌がらせの目的で申立てを行う場合等がこれに当たるとされるが、東京地方裁判所において破産法30条1項2号に該当するとして申立てが却下された事案は少ない[28]。

④　他の倒産手続の申立てまたは開始決定が存在しないこと

民事再生手続または会社更生手続の申立てがなされると、破産手続は中止となる可能性があり（民再26条1項1号、会更24条1項1号）、再生手続開始決定または更生手続開始決定がなされると、破産手続は中止し、新たに破産手続開始申立てを行うこともできなくなる（民再39条1項、会更50条1項）。

特別清算手続についても、申立てがあると破産手続は中止となる可能性があり（会512条1項1号）。さらに、特別清算開始命令があると、新たな破産手続開始申立てを行うことができなくなり、開始決定前の破産手続は中止し（会515条1項）、その後、特別清算開始命令が確定すると失効する（同条2項）。

---

27)　伊藤眞ほか編『条解破産法（第3版）』（弘文堂、2020年）258頁。

28)　永谷典雄ほか編『破産・民事再生の実務【第4版】破産編』（金融財政事情研究会、2020年）77頁。

⑷ 申立書の記載事項・添付資料

ア 申立書の記載事項

申立書の必要的記載事項は、まず、法律上の要請として、①申立人の氏名または名称および住所、②債務者の氏名または名称および住所、③申立ての趣旨、④破産手続開始の原因となる事実を記載する必要がある（破20条1項、破規13条1項）。

また、裁判所規則の要請として、⑤債務者の収入および支出の状況ならびに資産および負債（債権者の数を含む）の状況、⑥破産手続開始の原因となる事実が生ずるに至った事情等がある（破規13条2項）。

前記2⑴のとおり〔p.18〕、疎明が必要な⑦債権者の有する債権も記載が必要となる[29]。

以上のほか、実務上記載が望ましいとされているものとして、⑧債務者の業種（職）・現在の営業（就労）状況、⑨管財業務の遂行上、問題となることが予想される点が挙げられる。

イ 添付資料

破産手続の債権者申立ての場合の添付資料は以下のとおりである。

㋐ 債権の存在

確定判決、和解調書、執行認諾文言付公正証書といった債務名義は、当然証明力は高いものの、これらが必須というわけではなく、金銭消費貸借契約書や手形などにより債権の存在を確実に疎明できるのであればそれでよい。金融機関として貸付債権の存在を疎明するのであれば、その存否について債務者との間で争いが

---

[29] 裁判所職員総合研究所著「破産事件における書記官事務の研究」（司法協会、2013年）334頁。

ない限り、金銭消費貸借契約書等の契約書や手形があれば足りると考えられる[30]。

(イ) 破産手続開始原因事実の存在（手続開始のためには証明が必要）

事業活動を停止している法人について、債務者の税務申告書や決算書類の写しを保有している場合には、貸借対照表上の債務超過をもって立証できる。

しかし、これら資料が債権者の手元にない場合や、手元にあっても債務者が事業活動を継続しており、資産を貸借対照表記載のとおりの金額で評価してよいかに争いがある場合には、債務者が支払不能と評価できるかが争点となることが実務上多いとされる[31]。

支払不能とは、支払能力を欠くために、「その債務のうち弁済期にあるものにつき、一般的かつ継続的に弁済することができない状態」を指す（破2条11号）。申立債権者としては、債務者が負う債務の全容を可能な限り明らかにし、かつこれらの債務につき一般的かつ継続的に弁済できない状態にあること、つまり弁済原資となるべき資産が欠乏していることを示していく必要がある。

具体的には、総負債を示すものとして、債務者の税務申告書類、決算書類、申立債権以外の債務者の負債についての調査結果が、総資産を示すものとして、債務者に対する個別執行における執行不能調書や財産開示手続の結果に関する資料が一般的とされ、債

---

30) その他に債権の疎明資料として挙げられるものとして、小切手、請求書、売掛台帳等がある。

31) 永谷ほか編・前掲（注28）163頁、東京弁護士会倒産法部会編『破産申立マニュアル［第2版］』（商事法務、2015年）325頁〔大島義孝〕。

務者から徴求した資料を申立ての添付資料とすることは金融機関の守秘義務に抵触するものではないと考えられている[32]。

　もっとも、執行不能調書や財産開示手続の結果のように、それら資料の取得に時間や困難が伴うものもあるため、申立債権者自身が有する債権額の負債総額に占める割合が大きく、当該債権自体に対する弁済が長期間にわたり滞っていれば、そのような事実をもって支払不能を示すことが現実的である。

　以上のような形で支払不能を示していくことが困難な場合には、支払不能であることの外部への表示行為である支払停止（手形不渡り等）の事実を、不渡付箋付きの手形・小切手、銀行取引停止処分があった旨の手形交換所の証明書、同趣旨の新聞記事等によって示し、支払不能が推定されるようにすべきとなる。

　後述するとおり〔p.46〕、債権者破産の申立ての場合は債務者を呼び出して裁判所にて審尋が行われることが原則であり、破産手続開始原因事実の存否をめぐり、債務者と争いになるケースもあるので、事前に疎明資料を十分に準備することが必要であり、債務者との日頃のコミュニケーションを通じた資料の徴求が肝要である。

---

32)　金融機関が自らの利益を守るため、債務を履行しない顧客に対し訴えを提起する場合、金融機関による外部への情報提供が守秘義務に違反しないとするものとして、金子修ほか監修『金融機関の法務対策6000講（第1巻）』（金融財政事情研究会、2022年）1210〜1211頁。債権者による法的整理手続開始申立てに必要な範囲での情報の利用および提供は、当該申立て自体が債権回収上の合理的必要性に基づくものである限り、債務者の推定的承諾の範囲内であり、基本的に違法性を帯びることはないと解しうるとするものとして、松嶋一重＝粟澤方智編著『金融機関のための倒産・再生の実務』（金融財政事情研究会、2013年）160頁〔粟澤方智・鹿野厚至・高松泰彰〕。

⑸ 破産事件に占める債権者申立ての割合等

令和5年司法統計年報によれば、全国の破産事件の「自然人」を除いた「法人・その他」の新受件数が 7,470 件で、このうち自己破産申立事件が 7,317 件とされている。両者の件数の差がすべて債権者申立事件と仮定すると、令和4年の債権者申立事件は、件数にして 153 件、割合にして約2％程度となる[33]。

⑹ 破産の債権者申立ての一般的な流れ・スケジュール

破産手続の債権者申立ての一般的な流れ、スケジュールは以下のとおりである。

ア 事前問い合わせ・相談

実務上は、正式な申立ての前に、管轄裁判所に対し、事前問い合わせ・相談をする場合が多い。申立書の記載事項・添付資料は前述のとおりであるが〔p.41〕、各裁判所によって若干の差異もあるため、事前に運用や予納金額を確認しておくことで、申立準備をスムーズに進めることができる。また、申立て前から裁判所に状況を共有し、相談しておくことで、申立て後の円滑な手続進行にも繋がりうる。たとえば、債務者に財産処分や隠匿のおそれがあり、申立てと同時に保全管理命令を発令する必要がある場合等、緊急性が高い事件の場合には、事前相談が一層重要になる。

イ 申立ておよび保全管理命令等

申立てに際して提出する申立書の記載事項・添付資料は前述のとおりである〔p.41〕。

また、破産手続開始決定まではある程度の時間を要するため、

---

33) 最高裁判所事務総局「令和5年司法統計年報（民事・行政編）」（2024年）72頁。

その期間が長期にわたることが見込まれる場合には、財産の散逸・隠匿等を防ぐために、破産手続開始の申立てと同時に保全処分（破28条1項）や保全管理命令（破91条）を申し立てることが考えられる。ただし、その効力が生ずるためには、裁判書を債務者に直接送達する必要がある（破28条5項、92条2項）。もしも従業員の不在等で送達が不奏功に終われば、その後に債務者が財産隠匿に及ぶ危険性もあるため、送達の日時、場所、方法等について事前に十分に調査・検討しておく必要がある[34]。なお、そもそも、債務者に及ぼす影響が大きい保全処分については慎重に審査が行われるとの指摘もある[35]。

　ウ　予納金額決定・納付

　債権者申立てがあると、裁判所は、申立債権や破産手続開始の原因の存在について疎明がなされているかを確認し、疎明がされている場合には、破産手続の費用として、予納金（破22条1項）を定め、申立債権者に対し、裁判所への納付を促す。予納金額は、破産財団となるべき財産および債務者の負債（債権者の数を含む）の状況その他の事情を考慮し定めるとされるが（破規18条1項）、各裁判所において予納金の基準表を定めている場合もある。

　たとえば、東京地方裁判所倒産部（民事第20部）においては、下記の表のとおり、負債総額に基づいた基準表[36]を設け、債権者数、予想される管財業務の量や困難の度合い等を勘案して基準

---

34)　川畑正文ほか編『はい6民ですお答えします～倒産実務Q&A』（大阪弁護士会協同組合、2018年）446頁、永谷ほか編・前掲（注28）165頁。

35)　川畑ほか・前掲（注34）446頁。

36)　裁判所HP（https://www.courts.go.jp/tokyo/saiban/minzi_section20/situmonn_tousannbu/index.html）「破産手続について」Q4参照（2025年1月6日最終閲覧）。

金額から増額する取扱いとしている。なお、法人と代表者両方に申し立てた場合も予納金額は個別に定められる。また、新たな事情が判明した場合、必要に応じて予納金額の増額や追加納付を求めている[37]。

【東京地方裁判所民事第20部（倒産部）における破産事件の予納金基準】

負債総額	法人	自然人
5000万円未満	70万円	50万円
5000万円〜1億円未満	100万円	80万円
1億円以上〜5億円未満	200万円	150万円
5億円以上〜10億円未満	300万円	250万円
10億円以上〜50億円未満	400万円	
50億円以上〜100億円未満	500万円	
100億円以上	700万円〜	

　また、大阪地方裁判所倒産部（第6民事部）においては、法人では最低100万円（自然人70万円）であるが、事案の難易度に応じて大幅に増額されることがあるとされる[38]。

　エ　審　尋

　適法な申立てがなされ、予納金が裁判所に納付されると、裁判所により審尋期日が指定される。実務上は、初回の審尋期日では、債務者から答弁書が提出され、債務者が申立債権の有無や破産手

---

37)　永谷ほか編・前掲（注28）161頁。
38)　川畑正文＝福田修久＝小松陽一郎編『破産管財手続の運用と書式［第3版］』（新日本法規、2019年）351頁。

続開始の原因の有無を争う場合には、審尋期日が続行され、債権者や債務者の双方から書面での主張（および疎明資料の提出）がなされる形で審理が重ねられていく。審尋は必要的ではないが、実務上は破産手続開始決定による債務者への効果が重大であることに鑑み、審尋を行うのが原則とされている[39]。

　この点に関連して、審尋期日の指定に際しては、債務者に対して呼出状（や申立書副本等）が送達されるが、呼出状が送達できない場合、申立債権者は、債務者の住所等を調査する必要があり、それでも債務者の住所等が判明しない場合には、破産手続を開始しても実効性のある手続の進行を図ることができないとして、申立てが取り下げられる例が大半であるとの指摘もあるため[40]、送達先の事前調査が重要である。

オ　開始決定

　裁判所が、申立債権および破産手続開始の原因が存在すると判断し、破産手続開始を決定すると、破産管財人が選任され、同人による管財業務が遂行されることになる。なお、審尋や保全管理命令等と異なり、開始決定の送達は不要である[41]。

カ　開始決定後の破産管財人への情報提供

　債権者申立事件の場合、債務者による財産処分・散逸のおそれも否めないため、破産管財人が開始決定当初から、迅速に初動対応を行うことが肝要である。一方で、債務者の非協力や資料の不存在等により、破産管財人が債務者の状況を十分に把握できない場合も多い。

---

39)　永谷ほか編・前掲（注28）161〜162頁、川畑ほか・前掲（注34）444頁。

40)　永谷ほか編・前掲（注28）162頁。

41)　裁判所職員総合研究所著・前掲（注29）335頁。

そのため、申立人においては、破産管財人との接触が可能になったタイミングで、積極的に情報提供をすべきである（破産管財人からも問い合わせがあるだろう）し、それを見越した事前の情報収集・情報提供の準備も重要である。

キ　その後の手続の流れ

開始決定後の手続の流れとしては、基本的に、いわゆる自己破産事件（債務者自らが破産申立てをした事件）と同様であり、破産管財人は破産財団に属する資産を換価する。この点に関連して、破産手続開始決定に対して、債務者は公告が効力を生じた日から起算して2週間以内であれば即時抗告をすることが可能であるが（破9条、33条1項）、執行停止の効力は生じない。そのため、破産管財人は、破産財団に属する資産が一般的に日々劣化することも考慮し、原則として管財業務を通常とおり進行させることになる[42]。

また、破産財団に属する資産であっても、債権者が担保権の設定を受けていた場合には、前記1(5)**ウ**のとおり〔p.17〕、別除権として、破産手続外で権利行使（ひいては債権回収）が可能である。ただし、実務上は、債権回収額の増額等の観点から、（債権者が別除権を権利行使するのではなく、）破産管財人が任意売却をし、債権者は、当該売却の代金から債権回収を図る場合もある（なお、売却代金のうち、一定割合は破産財団に組入れされる）。

以上のような資産換価の結果、破産管財人報酬が確保されて、さらに形成された財団があれば、申立債権者に対し予納金が返還

---

[42]　ただし、即時抗告の審理中、破産管財人の業務を現状の確保や調査に限り、重要な財産の換価等を留保する（慎重に行う）事例もある（永谷ほか編・前掲（注28）167頁、川畑ほか・前掲（注34）447頁）。

されうる（前記1⑸エ〔p.17〕参照）。また、さらに財団がある範囲で、財団債権（破産手続費用、公租公課、労働債権の一部等）、優先的破産債権（財団債権に該当しない公租公課、労働債権等）、破産債権（申立債権者が有する貸付債権等）の順に弁済・配当がなされうることは自己破産の場合と同様である[43]。

　なお、優先的破産債権や破産債権の配当を受けるためには、先立って期限内に債権届出をしておく必要がある。

43）　なお、理屈上は、破産債権が100％配当された後に配当を受ける債権（後順位債権）として、劣後的破産債権（破産手続開始決定後の利息・遅延損害金、資本性劣後ローンなどの約定劣後債権）が存在する。もっとも、実務上は、破産債権に100％配当される事案はほぼなく、実際上、劣後的破産債権は配当を受けることができない。

第4 事例研究

　本研究会では、法的整理の債権者申立てのケースとして、9件の事例を個別研究対象として検討した。各事例の検討においては、金融機関、申立代理人や管財人等の弁護士からのヒアリング等を踏まえて議論を重ね、各事例の検討結果については次の3つの視点で取りまとめた。

　まず「1　事案の概要」として、債務者企業の概要、債権者が法的整理の申立てに至る経緯を整理した。次に「2　レピュテーションリスクに係る対応」では、当該事例において、どのようなレピュテーションリスクが想定されたのか、またそのリスクにどのように対応したのかなどについて、さらに、「3　情報不足に伴う失敗リスクに係る対応」では、一般的には債務者企業からの情報提供が十分になされないことが多い中で、各事例ではどのような対応がなされたのかなどについて、それぞれまとめた。

　事例1から事例8は、いずれも債権者が会社更生を申し立てた事例である。このうち事例4を除き、事業継続を実現して更生計画認可決定を得ており、債権者申立ての目的を成功裡に達成している。事例9は、民事再生申立て後に管理型再生手続として開始された事例であり、他の事例とは若干類型が異なっている。なお、事例4は更生手続開始後、3拠点の結婚式場のうち、2拠点はスポンサーに対し事実上の事業譲渡を行って事業の存続を果たしたものの、残る1拠点は賃借物件であったところ賃貸人の協力が得

られず、その後、更生手続廃止となり、保全管理を経て、破産手続開始決定がなされた事例である。

これらの事例紹介にあたっては、関係者の機密事項やプライバシーに抵触しないように留意して取りまとめている。また、意見にわたる部分もあるが、基本的に申立債権者の代理人弁護士等の意見に基づくものであり、申立債権者である金融機関自身の意見ではない点に留意いただきたい。

> 事例1　債務者企業との信頼関係が破綻している中で、業者への支払滞納、給与未払いなどが始まったことから、会社更生を申し立てた事例

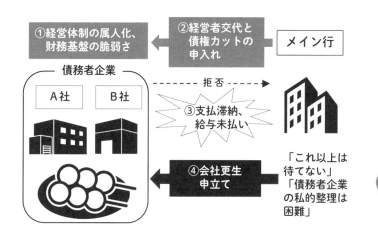

1　事案の概要

　債務者企業であるA社およびB社は、主に贈答用の品として地元で名の知れた和菓子ブランド商品を製造、販売していた。

　両社は、併せて従業員約270名、仕入先等取引先約50社を抱え、地元の重要企業であった。

　銀行借入による大量出店（約100店舗）で有利子負債が過大になり、経営体制が属人的かつ財務経理処理が脆弱（資金繰りが計画が作成されず）等々の問題を抱えていた。

　メイン行としての経営改善に向けた対応は奏功せず、自力で経営改善計画を策定するが履行できず、ということを繰り返してい

たこともあり、自力再生は難しいと判断し、地元の官民ファンドや REVIC（地域経済活性化支援機構）を活用した「経営者の交代と債権カット」を申し入れた。しかし、社長は自力再建ができるとして拒否。情報開示もまったくなく、最後は資金繰り計画も未提出のまま延滞となった。

情報開示がないまま事態の打開もできず、他方、レピュレーションリスクや連鎖倒産による地域経済への影響を考慮し、抜本的な対策が先送りにされてきた。

しかし、A社およびB社による業者への支払滞納、従業員への未払いが始まり、いよいよ待てないとなり、債権者として法的整理の申立てを検討、決断する。

民事再生も検討したが、公租公課の未払いがあること、およびDIP型では実効的な再建は進められないであろうということを考慮し、会社更生を選択した。

会社更生申立て後、A社およびB社はメイン行の動きを察知し、代理人弁護士を立てて私的整理に着手するも、メイン行として私的整理には応じなかった。

予納金は、3,000万円（1社分2,000万円＋関連会社1,000万円）、申立て後、少額だがDIPファイナンスを実行（3,000万円）した。

2 レピュテーションリスクに係る対応

(1) 従業員の雇用・地域経済への影響

情報開示がなく、破産に至るリスクも抱えていたため、従業員の雇用維持の確保が危ぶまれる状況にあったが、申立て後、保全管理人団（総勢18名）のきめ細かい手当により、従業員に不安を与えることなく進めることができた。

原材料等の仕入先に多額の未払金があり、連鎖倒産も懸念されたが、公庫や県の保証協会のセーフティネットの紹介を準備し、また、取引先・従業員等からの相談（資金繰り相談等）の対応を行うことで一定の手当を図った。

(2) 私的整理の試みの存在

申立てを受けて、債務者自身が私的整理を進めようとする中、メイン行があえて会社更生を継続し、もし会社更生が奏功せず、破産となってしまった場合、メイン行の取締役としての善管注意義務が発生しないかという懸念があり、債務者からも、法的整理に移行すれば即破産となる（贈答品なので事業価値が失墜する）という抗弁が主張されていたが、すでにメイン行として会社更生の申立てを決断しており、善管注意義務の部分の議論の整理は別途行いつつも、申立ての方針は変えずに対応した。

3 情報不足に伴う失敗リスクに係る対応

情報開示がなく、資金繰り計画の提示も受けていなかったが、例年の動きを踏まえ、申立てを行った4月から半年くらいは資金繰りが持つだろうと想定していた（夏の売上げは落ちるので、8月くらいが資金の谷との見方であった）。裁判所からはDIPファイナンスの意向があるかの確認を受け、実際に7月に3,000万円を短期運転資金として実行した。

また、早期の信用回復と資金繰り維持の双方の観点から、スポンサー選定を急ぐ必要があり、申立て後、7月から始まった選定手続に協力した。

> 事例2 再建手法として用いられた会社分割につき濫用的会社分割該当性などが疑われ、主要債権者2社がパチンコ・スロットホール運営会社に対して会社更生を申し立てた事例

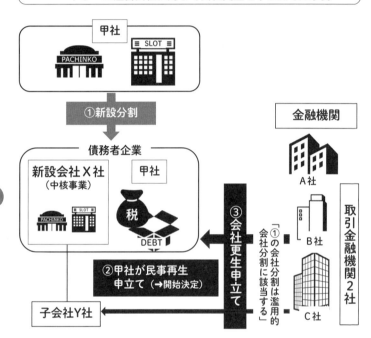

1 事案の概要

パチンコ・スロットホールを多店舗展開し、運営する事業者である甲社は、同事業の規制強化に伴う顧客離れや設備投資のためのノンバンクからの高利での借入れにより資金繰りが悪化し、東日本大震災による休業等により公租公課の滞納が生じ、さらに資金繰りに窮するようになった。

甲社は窮境を打開すべく、金融債権者に事前の相談もなく、中核事業を新設会社（Ｘ社）に承継させる一方、一部の金融債務、同債務にかかる担保不動産（パチンコ店舗等）、公租公課等は分割会社（甲社）に残す新設会社分割（本件会社分割）を実施した。

　本件会社分割の直後、甲社は金融債務の削減を企図して民事再生を申し立てた。

　甲社の最大金融債権者Ａ社、それに次ぐＢ社およびＣ社のうち、Ｂ社およびＣ社（２社合計で金融債務総額の約３割を占める）は、本件会社分割は濫用的会社分割にあたると考え、債権者申立てによる更生手続により、事業の再生を目指すことを検討した。

　民事再生申立て後の甲社の債権者説明会では、経営陣は残って財務スポンサー候補から金融支援を受けて自力再建を図ること、本件会社分割を実施した理由、正当性について説明がなされた。

　債権者説明会の後、甲社は再生手続開始決定を受け、スポンサー選定を進めた。なお、その選定方法は、相対交渉によるもので、かつ、支援スキームも、財務スポンサーからＸ社が融資を受け、それを原資として甲社の有する不動産とＸ社発行済み株式を買い取るというスキームが想定されていた。

　甲社の再生手続開始決定から約１か月後、(i)Ｂ社およびＣ社は、本件会社分割は濫用的会社分割であると主張して甲社に対して、(ii)さらに、Ｃ社は本件会社分割でＸ社の子会社となったＹ社に対しても、会社更生を申し立てた。

　申立日と同日で調査命令が発令され調査委員が選任された。また、調査期間を経て、甲社およびＹ社について保全管理命令が発令され、調査委員が保全管理人に選任された。

　選任直後、甲社の保全管理人はＸ社の株主権を行使しＸ社の既存の全取締役を解任し、自らが代表取締役に就任した上で、Ｘ

社につき会社更生を申し立て、X社についても保全管理命令の発令を受け、X社の保全管理人に選任された。

保全管理命令発令後、保全管理期間を経て、甲社、X社およびY社の3社いずれについても更生手続が開始され、保全管理人が管財人に選任された。

2 レピュテーションリスクに係る対応

再生手続開始前の甲社の債権者説明会において、申立代理人から会社分割やスポンサー選定の正当性が説明されたが、金融債権者から種々の質問に応じた十分な情報開示はなされなかった。

B社およびC社は、甲社のA社に対して更生手続開始の申立てへの参加、または、協力を求め、A社から申立てに加わらないが更生手続に協力するとの意向表明を受けた。

すでに再生手続が開始していたこと、上記のとおり債権者説明会での甲社側の情報開示は不十分であり債権者側からも不満が出ていたことに鑑みれば、申立てによるレピュテーションリスクは少ないと考えていた。

3 情報不足に伴う失敗リスクに係る対応

申立てにあたり、各店舗でのオペレーションの維持、現金売上等の資産および経営権の掌握が必要不可欠である点を裁判所に伝え、実際に、保全管理人は保全管理着手直後から全店舗に弁護士を派遣し、自らも全店舗を視察し、現場の従業員からの情報取集、説明と協力の取付けを実施した。併行して、本社幹部、本社従業員、各店舗幹部、各店舗従業員に対して説明会を実施した。また、

主要店舗についてその事業に精通したコンサルタント会社による店舗業務監査を実施した。

申立て前に、遊技機メーカーの業界団体に対しても、申立てを検討していることや、その必要性について説明した。管財人が、更生手続開始決定後、遊技機の主要な仕入先であったメーカーを訪問した際には、当該主要メーカーからの理解・協力を円滑に得ることができた。

B社およびC社としても、申立て前に甲社の評価書を取得し、甲社が提示するスポンサー支援額よりも高額なスポンサーが現れる蓋然性を検証した。実際に、その後、管財人が締結したスポンサー契約に基づく支援額は甲社が提示したスポンサー支援額を優に超えるものだった。

一方で、最新の財務状況等を把握するのが困難であったことに加え、申立て後の調査委員の調査によりLLPファイナンスの詳細が発覚し、LLPにより資金繰りが管理されているという実態が明らかになり、事業資金確保の必要があった。その後、X社は、甲社、乙社が連帯保証すること、およびB社およびC社がDIPファイナンスの実現・保全に一定の協力を行うことで、金融機関（B社およびC社ではない）からDIPファイナンスの提供を受けた。

監督官庁に対しては、申立て前に、会社分割後の甲社らによる風営法上の許可（パチンコ・スロットホール運営に係る許可）の保有状況や、更生手続による当該許可への影響等を打診し、後者については特段影響がないことの感触を得た。

> **事例3　債権者が誓約事項違反を理由として融資契約の期限の利益を喪失させ、会社更生を申し立てた事例**

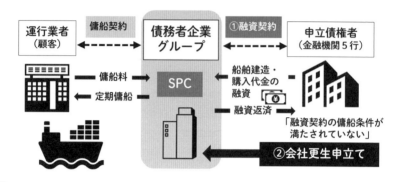

1　事案の概要

　債務者企業グループは、傘下の SPC を通じて保有する船舶の傭船業者である。同グループは、金融機関5行（申立債権者）から船舶の建造代金の融資を受けており、船舶の傭船料が融資の返済原資であったことから、融資契約では傭船条件が定められ、融資契約期間中、傭船条件を満たすことを誓約した。

　債務者企業グループが実際に締結した傭船契約と申立債権者に提出された傭船契約の内容が異なり、実際の傭船契約は誓約の条件を満たさないことが判明したことから、申立債権者（債務者企業グループに融資をしていた金融機関）は、誓約違反を理由に期限の利益を喪失させ、これと並行して債務者企業グループの事業の維持更生を図るべく債務者企業グループに対し会社更生を申し立てた。

また、債務者企業グループに加え、融資の連帯保証をしていた債務者企業グループ代表者に対しては債権者による破産を申し立てた。

　なお、申立債権者は、スイスのプライベートバンクの代表者個人名義の銀行口座や債務者企業グループで資金の管理を行う会社（倒産原因がない会社）名義の銀行口座について、スイス連邦裁判所に対して、日本法の保全命令に相当する命令を申し立て、保全命令を得た。

2　レピュテーションリスクに係る対応

　保全管理人は、債務者企業グループが委託した運航管理会社に対し、従前どおりの運航管理の継続を依頼し、同社の協力を得ることができ、混乱なく船舶の運航管理を行った。

　保全管理命令において商取引債権の保護が図られたこともあり、債務者企業グループ（SPC）は、債務者企業、運航管理会社、運航業者（顧客）、申立債権者、その他関係者の協力を得ることができ、平穏に事業を行った。

3　情報不足に伴う失敗リスクに係る対応

　更生手続中の運転資金確保のため、申立債権者が足並みを揃え、保全管理人との間で、預金相殺を猶予して預金の一部を債務者企業グループの運転資金としての使用が認められた。

事例4　支配株主を主張するグループが従前の代表取締役を解任して債務者を実効支配したことによって資産流出等が懸念されたことから、取引金融機関が会社更生を申し立てた事例

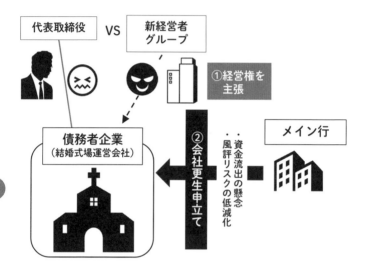

1　事案の概要

X社は、100％株主兼代表取締役Aの下、結婚式場の運営事業を行っていたところ、破産した別法人の旧経営者のグループが、ある日突然にX社の株式を100％保有していると主張してAを解任して新たな代表取締役を選任し、X社の経営権を奪って実効支配を開始し、新経営者グループとAとの間で、X社の株式の帰属と経営権をめぐる争いが生じた（新経営者グループは、株式の取得の経緯等を十分に説明できなかった）。

X社の売上はそれまで取引金融機関（申立債権者）に入金され

ていたが、新経営者グループが、X社の経理担当者全員を解雇して自ら資金を管理できる状態を創出し、X社の現金売上を自ら管理するようになり、申立債権者への入金が途絶えた。

　新経営者グループは、申立債権者に対する情報提供を拒み、申立債権者としてX社の状況を把握できなくなった。

　申立債権者は、もはやX社との正常な金融取引を行うことができず、また、このままではX社のウェディング事業の社会的使命を果たせないと考え、裁判所の監督下での公正な手続によりX社の資産の管理を図りつつ、株主を手続に取り込んだ抜本的な事業再建を図る必要があると判断し、X社に対して会社更生を申し立てた。

2 レピュテーションリスクに係る対応

　報道各社に対し、申立債権者から申立ての理由や今後の見通し等について情報提供を行った。

　会社更生の申立て直後の債権者説明会において、申立代理人が主導して保全管理人団同席の下、申立代理人より、申立ての経緯等について丁寧な説明を行い、債権者一般の理解を得るべく努めた。

　申立債権者は、保全管理人と協力して、債務者の主要取引先に対し、会社更生申立て後の債務者との取引継続を個別に依頼した。また、申立債権者内において、全支店長に対して、事前に債権者申立ての経緯を説明した。

　会社更生の申立てにより土日に予定された挙式が混乱しないよう、金曜の申立てを避け、他方で、現金流出を可能な限り防ぐため、月曜の午前に申立てを行った。

風評により顧客の式場利用キャンセルが相次ぎ、資金繰りが悪化することおよび事業価値の毀損を防ぐため、民間信用調査会社に対しては、債務者の信用情報を発信する際には債務者の企業名のみを公表し、債務者の運営する式場名は挙式者の風評保護の観点から非公開とした。

3 情報不足に伴う失敗リスクに係る対応

売上現金の社外流出に起因して手許現金（運転資金）が不足する事態を想定し、更生手続開始後の事業継続に必要な一定の運転資金について、申立債権者において申立て前にDIPファイナンスを検討し、実際に申立て後に1億円のDIPファイナンスを実施した。

運転資金の検討に際しては、ウェディング事業という債務者の事業特性を踏まえ、事業価値の毀損を防止するには、更生手続期間中であっても、広告宣伝費を厚く予算計上した。

> 事例5　長年にわたって粉飾決算を繰り返していた債務者グループの主要3社に対して取引金融機関が会社更生を申し立てた事例

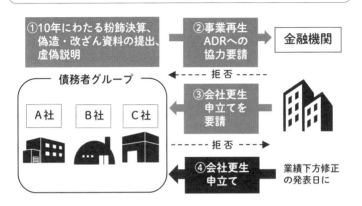

1　事案の概要

　債務者グループは、A社（甲製品の販売等を営む）、B社（甲製品の製造販売等を営む）、C社（乙製品群の製造販売等を営む）を中核とする企業集団である。債務者グループが過去10年間にわたって粉飾決算を行っていたこと、各金融機関に、それぞれに粉飾した決算資料や多数の偽造・改ざんした資料（残高証明書等）を提出していたこと等が申立債権者（メイン行ではない金融機関）に明らかになった。このような状況で申立債権者は債務者グループから事業再生ADRによる再建への協力を要請された。

　申立債権者は、粉飾の態様等から、およそ債務者グループを信用することはできず、現経営陣が主導する事業再生ADRによる再建ではなく、会社更生手続により第三者である管財人の下で事

業を再建することが適切との判断に至った。また、申立債権者としても多額の引当金の計上、ひいては業績の下方修正と赤字となる中間決算の発表が必要となるため、当該発表と併せて債務者グループについて会社更生手続により再建を図る旨を説明することが必要と判断した。

以上の検討を踏まえ、申立債権者は、債務者グループに対して、事業再生ADR・民事再生手続のいずれにも協力できず、業績下方修正の発表までに会社更生の申立てを求めること、これに応じない場合には債権者として会社更生を申し立てる旨を伝えた。また、債務者グループの提出した資金繰表からすると、当該月末には資金ショートを来す可能性が極めて高く、その場合、商取引を含めて多大な混乱が生じ、かつ、債務者グループの事業価値が大きく毀損してしまいかねない状態であり、早期に会社更生手続の申立てを行わなければならない状況にあった。しかし、債務者グループからは対応できない旨の回答があったため、申立債権者は、期限であった業績下方修正の発表日に、A社、B社およびC社につき、会社更生を申し立て、同日、保全管理命令が発令され、その約2か月後に更生手続開始決定がされた。

2 レピュテーションリスクに係る対応

①債権者申立てを行うまで、債務者に対して期限を区切って自ら会社更生を申し立てるよう選択肢を示し、それに応じない場合は債権者申立てを行うというプロセスを確立し、②申立債権者自ら記者会見等を通じて債権者申立ての目的・経緯等を説明した。また、③債権者申立て後も、会社更生手続における再建プロセスに全面的に協力し、再建を実現することで、レピュテーションリ

スクは顕在化しなかった。

3 情報不足に伴う失敗リスクに係る対応

　債務者グループの事業内容自体は概ね把握できていたため、財務情報の少なさからの事業継続に失敗するリスクは問題とならなかった。粉飾はしていたものの、窮境原因は貸付と投資の失敗であって、PL には偽造がないことが判明した。

　資金繰りの支援としては、連帯保証人である代表者の預金を資金繰りに充てるべく預金を開放し、DIP ファイナンスの枠も設定した。

事例6　会社資金を横領していた代表取締役が取引先B社グループをスポンサーとする民事再生を申し立てたことに対抗して、メイン行が会社更生を申し立てた事例

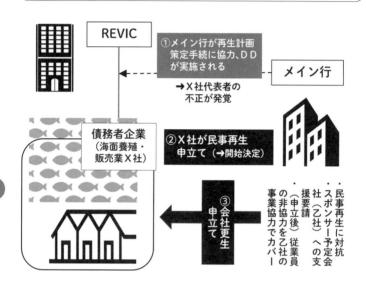

1　事案の概要

魚類の海面養殖・販売業を営んでいたX社では、現代表者が代表取締役に就任してから一貫して営業赤字で、有利子負債が増大していた。そこで、メイン行（地銀）は地場産業活性化のため、REVIC（地域経済活性化支援機構）スキームによる再生計画策定手続（REVIC、メイン行および地元信金が出資する甲ファンドをスポンサーとする再生計画）に協力することとし、各種DDが実施された。

ところが、このDDにおいて代表者による不正取引が発覚し

た。代表者は不正取引について虚偽説明を繰り返したほか、脅迫的言辞を述べるなどしつつ、REVICスキームへ抵抗を示すようになった。また、X社は、取引先のB社グループをスポンサーとする再生計画を立案してメイン行に提示するとともに、プレパッケージ型の民事再生の申立てを画策した。メイン行としては、不正取引が発覚した以上、X社主導による再生手続には協力できないことを伝え、甲ファンドをスポンサーとする事業再生を図るよう説得をしたが、X社はこれに応じなかった。

X社が、民事再生を申し立て、開始決定を得たことから、メイン行は、その対抗として、会社更生を申し立て、即日、保全管理命令と再生手続中止命令が発令された。保全管理命令の発令後も代表者の影響があり、X社従業員からの協力が得られにくい日が続いたが、乙社の事業協力（餌をまくための船の操業、餌の仕入れなど。メイン行として申立て時に乙社による事業協力を得ることを予定していた）により、事業は継続できた。

保全管理人の下でスポンサー選定を実施し、甲ファンドおよび乙社がスポンサーに選定されてスポンサー契約を締結し、同日、更生手続開始決定がされた（会社更生の申立てから約1か月後）。

2 レピュテーションリスクに係る対応

債務者側の再生手続下でのスポンサー候補であったB社グループは地元の大手企業で養殖業界への影響力が強く、敵対することによる地元への影響が懸念された。メイン行としては、地域振興、破産となった場合の地元経済に与える影響を考慮すれば事業継続の必要がある、他方、不正取引をしていた代表者等の現経営陣による経営自体にリスクがある、と整理して債権者申立てによる会

社更生に至った。

3 情報不足に伴う失敗リスクに係る対応

　財務 DD により基礎的情報は有していたが、代表者による私的
流用等により実態は不透明であったため、会社更生の申立て後の
資金繰りはメイン行が支援する前提であり、実際にも貸付が実行
された。

　船舶の操縦、給餌、出荷等、資格やノウハウを必要とする業務
があるため、従業員の協力を得られない場合は事業の継続が困難
となるリスクがあったが、保全管理人の説得により、代表者によ
る事実上の影響力を排除し、従業員から協力を得られるに至った。

　餌の調達等についてはメイン行において取引先に協力を要請し、
事業遂行に支障が生じないようにした。

> 事例7　金融債権者らが、旅館業を営む債務者企業に対して、濫用的会社分割を理由として会社更生を申し立てた事例（平成26年改正会社法施行前の事例）

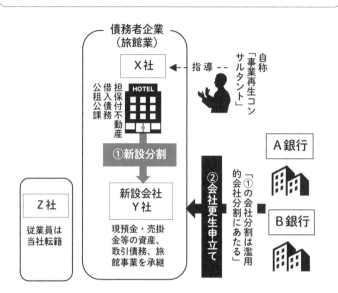

1　事案の概要

　旅館業を営むX社は、営業赤字が継続し資金繰りが悪化したことから、事業再生コンサルタントと称する者の指導により、会社分割（新設分割）を実行し、Y社を設立して、担保付不動産、金融機関からの借入債務、公租公課を除いた、現預金・売掛金等の資産および取引債務ならびに旅館事業を同社に承継させた。また、同日付にて、X社の経営者一族により設立されたZ社に退職者を除く全従業員は転籍させられた（この事実は、保全管理命令発令後に判明）。この会社分割は、残存債権者である金融債権者に

事前の説明もせず、また了解を得ることもなく突然行われたものであり、いわゆる濫用的会社分割であった。

　Ａ銀行およびＢ銀行は、この会社分割が事業の再建可能性を失わせ、すべての利害関係人を害するものと判断し、分割会社と承継会社を一体として再建させるため、Ｘ社とＹ社について、共同して会社更生の申立てを行った。

　会社更生の申立日と同日で保全管理命令が発令され、保全管理人は、債務者の運転資金を確保するため、Ｘ社の経営者と交渉し、保全管理命令後に判明したＸ社から同人らの資産保有会社に対する貸付金を回収し、また、Ｚ社の株式を備忘価格で譲渡させた。加えて、Ｘ社およびＹ社の保全管理人として、両社の一体再生を図るため、それぞれの債務について裁判所の許可を得て重畳的債務引受を行った。

　更生計画においては、Ｘ社を吸収合併存続会社、Ｙ社を吸収合併消滅会社として吸収合併を行い、100％減増資を実行して、スポンサーの100％子会社となり、スポンサーからの借入金、出資金、不動産等の換価代金等により更生債権等を弁済した。

　Ｚ社に移籍させられた従業員については、スポンサーの指定する運営会社にさらに移籍させることとし、事実上、濫用的会社分割前の状態に戻すこととした。

2　レピュテーションリスクに係る対応

　濫用的会社分割に対する金融機関の立場を説明するとともに、地域経済に対する影響を抑える観点から、申立て直後に申立債権者としてプレスリリースを行い、記者会見を開催して申立てに至る経緯等を説明した。地域の利害関係人（行政や商工会議所）に

対しても個別の説明を実施するなど、対外的説明に努めた。また、メインバンクによる単独申立てではなく、主要取引金融機関2行での共同申立てとすることで、両行で慎重に検討・協議した結果であることを示し、地元からの理解が得られるように努めた。

3　情報不足に伴う失敗リスクに係る対応

X社の決算書等はあったが、直近の資金繰りの状況等が見えなかったため、DIPファイナンスの準備を行った。もっとも、上記のとおり、資産保有会社に対する貸付金を回収したことにより資金繰りが回ったことから、結果的にDIPファイナンスは行わなかった。

従業員の離反等により、旅館のオペレーションが回らない可能性を考慮して、旅館のオペレーションに関するサポート部隊を準備したが、特段の離反等は見られなかった。

事例8　民事再生終結後に不当な資金流出が疑われたゴルフ場運営会社に対して、会社更生を申し立てた事例

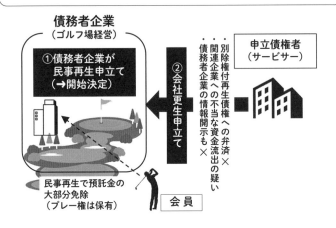

1 事案の概要

　ゴルフ場の運営事業者であるX社は、会社更生に先立ち、民事再生の申立てを行い、再生計画においては再生債権（ゴルフ場会員の預託金債権含む）の大部分（ただし、別除権者の権利および固定資産税等の公租公課を除く）が免除された。

　申立債権者（銀行の子会社であるサービサー）は、X社に対し別除権付再生債権を有していたが、当該債権につき、再生計画および別除権協定に従った弁済がなされなかった。

　加えて、X社においては、ゴルフ場の管理を委託していた関係会社に対する過大な委託料の支払い等の不当な資金流出が疑われたが、適切な情報開示もなされず、弁済正常化に向けた取組みがなされる様子も窺えなかった。

以上の経緯から、申立債権者は、会社更生を申し立てるに至った。

2 レピュテーションリスクに係る対応

弁済が滞り、適切な情報開示もない中で、事態打開のためには会社更生の申立ての必要性が高かった。

一方で、法的整理を申し立てた債権者として、一般論として一番気にするのは、従業員の雇用・地域経済への影響（連鎖倒産）であり、本件でも同様であったが、本件では、このような利害関係者に対する影響は限定的であるとの整理が可能であった。すなわち、不当な資金流出が止まれば、スポンサーが就き従業員の雇用維持も期待された。また、（相対的に）ゴルフ場は仕入先も少なく、連鎖倒産の影響が生じにくい業態であると整理ができた。

加えて、従前の再生手続において、すでに会員の預託金債権の大部分が免除されており、適切な新スポンサーの元でプレー権が維持されるのであれば、会員の反発も小さいと予想された。

3 情報不足に伴う失敗リスクに係る対応

申立て前に（ゴルフ場の管理をしていた関係会社の代替企業として）、管理会社から見積りや切り替えのスケジュールを取得し、裁判所等にも共有した。

X社の財務情報が不透明であり、また、本件申立てによりコース管理に混乱が生じた場合の費用増加や、夏期のゴルフ場は来客数が減少し売上げも低下する傾向にあること等からしても、資金繰りに窮するおそれがあった。申立債権者は、親会社である銀行

からの DIP ファイナンスによる支援も想定し申立てを行った。

　民事再生事件の記録から確認ができた会員情報から、会員の中にスポンサー候補となる企業のオーナーが存在していることが判明した。申立て後、早期にスポンサーとしての意向表明がなされるのではとの期待があった。

事例9 私的整理手続中に、親会社が金融機関に事前告知なく対象債務者（子会社）の役員を変更した上、民事再生を申し立てたところ、金融債権者と従業員の協力取り付けに失敗し、その後、金融債権者の意見に沿って、管理型の再生手続が開始された事例

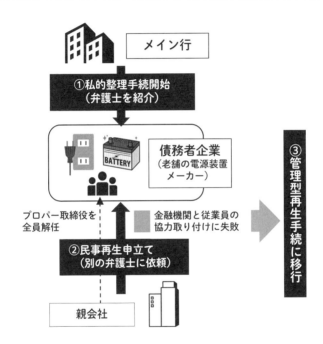

1 事案の概要

老舗の電源装置メーカーである甲社は、高い技術力で数多くの国内メーカーを顧客に有していた。また、甲社は、メイン行・準メイン行との間で当座貸越契約を締結して短期で返済期限を更新

しており、仮にこの資金を引き揚げられると、直ちに資金繰りに窮する状況にあった。

甲社の親会社であったＹ社が、ベンチャー企業のＺ₁社の実質的オーナーのＡに甲社の全株式の購入を持ちかけたことを契機に、Ａは、甲社の持株会社としてＺ₂社を設立し、同社は、甲社の株式購入資金としてＸ社から金員を借り受け、甲社の全株式をＹ社から取得した。

甲社株式取得と同日付で、Ｚ₂社の代表取締役ＡおよびＸ社の代表取締役Ｂが甲社の取締役に就任し、その数日後にはＡが甲社の代表取締役に就任した。

Ａは、Ｚ₂社のＸ社からの借入金の一部を返済するため、甲社からＺ₂社に金員を貸し付けさせ、Ｚ₂社は当該金員をもってＸ社への借入金返済に充てた。また、Ｘ社は、Ｚ₂社に対する貸付金残金を、Ｘ社と同じくＢが代表取締役を務めるＷ社に債権譲渡し、同日、甲社は、Ｚ₂社のＷ社に対する借入金債務につき連帯保証した。以上要するに、甲社の株式購入代金の支払いに充てるため、子会社である甲社自身が親会社（Ｚ₂社）にその購入資金のための借入金の返済原資を後日貸し付け、また、親会社（Ｚ₂社）の借入金返済後残高を子会社（甲社）が連帯保証するなどしたものである。その他にも、甲社がＡの関係する会社の資金工面のために融通手形の振出等をした結果、甲社に多額の簿外債務が発生した。

甲社から残高試算表の提出を受けたことを契機に、不透明な資金流出等に気づいたメイン行らはＡに説明を求めたが、Ａは要領を得ない回答に終始した。その結果、甲社はメイン行らの信頼を失い、メイン行らからの各短期借入金につきそれぞれ期限更新されず期流れ状態となった。

その後、メイン行は、甲社の事業性に鑑み、破綻させるのは惜

しいと考え、事業再生に詳しい弁護士を紹介し、一旦は、同弁護士主導の下、甲社の私的整理手続が進められることとなった。

ところが、親会社であるZ₂社（A）は、銀行および弁護士主導による甲社の私的整理手続の流れに納得せず、甲社の臨時株主総会を開催し、甲社のプロパー取締役を全員解任し、新たに取締役を選任した上で、甲社としてこの私的整理手続を進めた弁護士とは別の弁護士に依頼して、甲社に対して民事再生を申し立てた。

甲社の再生申立て直後から、甲社のメイン行の預金等につき申立て前に資金移動がなされず初動の資金確保に失敗し、またプロパー取締役を無断で全員解任したことに対する従業員の反発が強く、甲社はDIP型再生手続を維持することが困難な状況に陥り、結果的には、金融債権者の意見に沿って、管理型の再生手続が開始されるに至った。

2 レピュテーションリスクに係る対応

管理命令に基づき選任された甲社の管財人らを筆頭とする管財人団は、メイン行等の同意を得た上、少額弁済許可（民再85条5項後段）に基づき商取引債権を全額保護する方針を打ち出し、私的整理に近い処理で再生手続を進めることで甲社の事業価値維持を図った。

3 情報不足に伴う失敗リスクに係る対応

メイン行は、当初、私的整理手続で進めることに同意していたが、（DIP型ではなく）裁判所が選任する管財人による管理型の再生手続で進んだ後も甲社の再生に非常に前向きであり、再生手続

開始後約1か月後には売掛金を譲渡担保とするDIPファイナンス（十分な融資枠を設定した上で所要額の融資）を実行した。

甲社の資金流出を主導した親会社（Z_2社）やその取締役らによるDIP型民事再生手続に強く反発していたプロパー取締役・従業員らも、管財人団の下、管理型再生手続には積極的に協力し、スポンサーへの計画外事業譲渡までの間、事業運営に支障を来すことなく、甲社の通常業務を遂行した。

第5 | アンケート

1 アンケート調査の概要

　前記「**第4　事例研究**」〔p.51〕において9つの事例を個別研究対象としたが、実際に債権者申立てに至らないケースも含め広く実情を調査する必要があると考え、当研究会では以下の要領にてアンケート調査を行った。

【調査目的】

　現在の金融環境や事業再生をめぐる下記の諸問題を踏まえ、金融債権者による法的整理の債権者申立てのあり方について検討することを目的とする。また、法的整理を債権者として申し立てる場合のレピュテーションリスクや情報不足に伴う失敗リスク等の問題意識において、法的整理の債権者申立てに関するガイドラインの必要性の有無や必要な場合の適切なガイドラインのあり方についても検討する。

　①現在の金融環境とレンダーガバナンス問題

　②日本の事業会社の生産性が低いままという問題

　③経営に問題のある事業会社について適切に退出を促し、人材等の経営資源を有効に活用できるように新陳代謝を図る必要性

　④事業再生の早期申立てを促す必要性

⑤法的整理を債権者として申し立てる場合のレピュテーションリスクや情報不足に伴う失敗リスクおよび予納金等費用の問題

【調査対象】
- 金融機関（全銀協正会員）
- サービサー
- 信用保証協会

【回答数】
107 件

【回答者属性】

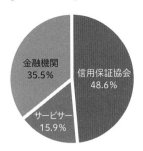

【調査期間】
2023 年 7 月〜9 月

【調査方法】
メール等によるアンケート用紙の送付とメールまたは FAX による回答

なお、アンケートの実施にあたっては、一般社団法人全国銀行協会、一般社団法人全国信用保証協会連合会および一般社団法人全国サービサー協会のご協力をいただいた。この場を借りて改めて御礼を申し上げる。

2　アンケート回答

　アンケート項目は、「事案の背景事情」（Q 1 〜10）、「ガイドラインの要件論」（Q11〜13）、「ガイドラインの効果論」（Q14〜17）と 3 部構成とした。各設問の選択肢には「その他（自由回答）」を設け、具体的な意見・理由等についても記載していただくよう努めた。

(1)　法的整理の債権者申立ての有無

Q1　今まで更生等の債権者申立てを行ったことはありますか（可能な範囲で過去に遡ってご確認いただけますと幸いです。）？
ある。／ない。

　本設問の回答107件のうち、法的整理の債権者申立てを行ったことがある債権者は22件（うち、共同申立ての事案も含む）であり、ほとんどの金融機関等には法的整理の債権者申立ての経験がないことが判明した。

Q1 債権者申立ての有無

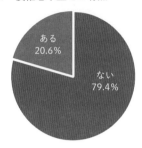

(2) 法的整理の債権者申立事案の概要

Q2 Q1に「ある」の方へ:裁判所名、債務者の業種等お時間をかけずに分かる情報を教えていただけますでしょうか?

　Q1で「ある」と回答した22件において、それぞれ関与した法的整理別に分類すると、下記のとおり、会社更生に係る債権者申立事案が5件、破産に係る債権者申立事案が7件であった。また回答からは種別不明である事案が9件であった。

　事業を継続する会社更生だけではなく、事業を清算する破産の債権者申立事案が相当数あったことは特筆に値する。

●会社更生事案
　①東京地方裁判所（4件:ウェディング業、部品製造販売業、ホテル業、船舶管理業）、②大阪地方裁判所（養殖業）

●破産事案
　①東京地方裁判所（企業実態なし）、②盛岡地方裁判所（ゲーム

ソフト等玩具販売業）、③福島地方裁判所（食品製造業）、④宇都宮地方裁判所（木材販売業）、⑤岐阜地方裁判所（衣服その他繊維製品製造業）、⑥那覇地方裁判所（化粧品・日用雑貨卸売業）、⑦千葉地方裁判所松戸支部（建設業）

●法的整理の種別不明

　①東京地方裁判所（5件：ゴルフ場運営、生鮮卸売業、サービス業、ゲーム開発、船舶貸渡）、②大阪地方裁判所（衣料卸売業）、③福岡地方裁判所（工事業）、④松山地方裁判所西条支部（重機リース販売業）、⑤山口地方裁判所宇部支部（飲食業）

(3)　法的整理に係る債権者申立ての理由

Q3　Q1に「ある」の方へ：債権者申立てを決断した理由をご教授ください。
　：該当する選択肢があれば全てお選びください（選択肢の後ろの括弧内に◎又は〇をご記入ください。）。
　　（複数の項目がある場合は、一番大きな項目には◎を付してください。）
①　以下の事象から債権者として債務者企業の現経営陣を信頼ができなくなっていた。
　㋐　債務者企業が、その財産を社外に流出させ、または流出させようとしている懸念があった。（　　　）
　㋑　債務者企業が、一部の債権者に対してのみ弁済している、あるいはその疑いがあった。（　　　）
　㋒　債務者企業が、悪質な粉飾決算を行っていたことが発覚した。（　　　）
　㋓　債務者企業が、企業倫理として懸念されうる組織との交流、経営への影響の疑いが懸念された。（　　　）

(オ)　債務者企業に経営改善の働きかけを行ったが、応じてもらえなかった。（　　）

(カ)　その他（具体的にその内容をご教示ください。）

②　以下の事象から、債権者として、債務者企業主導で不合理な私的整理手続を進められてしまうことや、債務者企業の経営陣が自主再建に固執して事業継続が困難な状況に至ることが懸念された。

(キ)　債務者企業が十分に財産状況の開示に応じない。（　　）

(ク)　債務者企業が合理的な弁済計画を提出しようとしない。（　　）

(ケ)　債務者企業に経営改善の働きかけを行ったが、応じてもらえなかった。（　　）

(コ)　その他（具体的にその内容をご教示ください。）

③　債務者企業の現経営陣が過度にリスクの高い取引による「一発逆転」を志向していることが疑われるなど、債務者企業の事業運営に問題があり、債権者に対する弁済の最大化のための合理的な行動を期待できなかった。（　　）

④　担保権者が担保実行を行う可能性が高く、かかる担保実行がなされると債務者企業の事業継続が困難になると予想され、更生手続を申し立てた。（　　）

⑤　その他（具体的にその内容をご教示ください。）

ア　信頼関係の毀損（選択肢①）

　本選択肢①の回答の中では、選択肢(ア)の財産流出が最も多かった（無回答2件を除く20件のうち16件）。他方、債務者に反社会的勢力等の問題があるケース（選択肢(エ)）は2割弱であり、必ずしも反社会的勢力といった債務者属性上の問題がなくても、財産流出という重大なガバナンス違反がある場合には法的整理の債権者申立ての理由となりうることが確認できた。

Q3　債権者申立てを決断した理由①

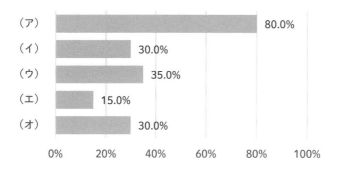

「(カ)その他（具体的にその内容をご教示ください）」としては、①代表者との連絡不能、②融資金詐取の疑い、③スポンサー候補を確保した上での事業再生目的、④経営権争い、⑤金融機関との協議なく民事再生手続の申立て、⑥代表取締役による横領、⑦融資検討時提出書類への虚偽記載などが挙げられた。

また、具体的には、延滞が長期化する中、代表取締役は住所不定となり、電話連絡に対しても不誠実な対応に終始することから話合いが進まない状態となっていた事例や、財産流出事象が発生以降、代表者と連絡が一切取れず（明確に債権者との面談を拒絶している）、返済に向けた具体的交渉ができなくなった事例などがあった。

イ　事業継続性への疑義（選択肢②）

本選択肢②の(キ)、(ケ)は申立ての経験のある債権者22者のうち、過半数を超える債権者が指摘した。もっとも、財産流出等を通じた信頼関係破壊に至るほどの問題はなかった。

Q3 債権者申立てを決断した理由②

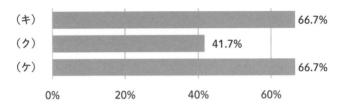

ウ 債務者の事業運営の問題（選択肢③）

申立ての経験のある債権者22者のうち、14者から回答があった。本選択肢を選択した主な理由としては以下のように3つに大別される。

■経営者およびガバナンスに問題があるケース

○債務者企業の現経営陣が過度にリスクの高い取引による「一発逆転」を志向している疑いがあるなど、債務者企業の事業運営に問題があり、債権者に対する弁済の最大化のための合理的な行動を期待できなかった。また、債務者企業についての財務情報等の情報が少なかったため、事業継続に失敗するリスクが問題となった。

○新たに代表取締役へ就任した人物は、過去に複数回、実効支配した法人から会社資金を外部流出させ、その後に同法人を破産させるという手法で不当な利益を得たグループの一員であり、同様の手法が採られることが危惧された。

○代表取締役、経理担当が親族のみで事業運営をしており、ガバナンスが効かない体制であった。

■財務状況に問題があるケース

○直近の決算書が未作成であったため、正確な財務状況が把握できず、将来の事業継続に疑義を持たざるをえなかった。事業再生目的で（スポンサー候補を見つけ）法的手続を選んだ。

○償却前赤字でキャッシュフローのマイナスが連続するなど、現経営陣の経営能力が認められる状況にはなかった。業績低迷する中で不審な外部コンサルタントが介入し、経営陣と正常なコミュニケーションが取れない状況に陥っていた。

○大幅な債務超過であり、改善見込みがなかった。

○計数面はいわゆるどんぶり勘定で、商品（生き物）の管理面も杜撰であるため、斃死が多発していた。また、仕入金額を水増しして取引先からキックバックを受ける形で、代表取締役による横領が行われていた。

○長年に亘る悪質な粉飾決算の存在

■事業運営に問題があるケース

○実質廃業状態

○借入れに依存した多店舗展開

○古参の従業員の多くが退職しており、なんらかの事業運営に課題があったものと考えている。

　エ　担保実行リスク（選択肢④）

　申立ての経験のある債権者のうち2割程度の回答であったが、本選択肢は、他の債権者による担保実行の可能性への対抗手段であり、少々特殊な類型である。この選択肢を回答した主な理由としては、競売の不落リスク（土地の大半が借地であったため借地権の存続の可否）や、一部金融機関による偏頗的な担保取得の否認のほか、担保権者が担保実行を行う可能性が高く、かかる担保

実行がなされると債務者企業の事業継続が困難になると予想され、会社更生手続を申し立てたというケースもあった。

　　オ　その他（選択肢⑤）

　本選択肢⑤の回答は、申立ての経験のある債権者のうち３割弱程度であったが、債権者申立てを決断した具体的な内容や、債権者として懸念された内容として、以下のような回答があった（なお、前記「第４　事例研究」の**事例４**〔p.62〕、**事例６**〔p.68〕、**事例7**〔p.71〕参照）。

○不審な外部コンサルタントが介入し、詐害的な会社分割による再建策が一方的に提示され、進められた。一方で、雇用、観光への影響といった観点から地域では重要な事業であったことから、旧経営陣と当該コンサルタントを経営から排除し、透明性の高い再生手続を進めるため会社更生手続を申し立てた。また、濫用的会社分割による債務免脱行為が全国的に広がりを見せていたため、毅然とした姿勢を示すことで、同様手法の波及防止も企図した。

○本件申立てがあったのは、振袖の販売・レンタル会社が突如事業停止し、破産となって社会問題化した年度である。対象債務者も複数の式場で挙式予約も 200 組を超えていた。すみやかに事業再生・再編を実施しなければ、一般消費者への甚大な被害が想定されたことも、会社更生手続申立ての大きな動機となった。

○対象債務者は地元（県）が力を入れているブランド商品を扱う県内唯一の企業であった。地域振興のため県の補助等を受けて行っている事業であり、継続させる必要があった。また、債務者は、地元で存在感のある事業者であり、ここが破産と

なると地元経済に与える影響も大きかった。

⑷　債権者申立てを行う上での障害

Q4　Q1 に「ある」の方へ：債権者申立てを行うに当たり、悩んだ点、障害となった点がありましたら、ご教授ください。
　：該当する選択肢があれば全てお選びください（選択肢の後ろの括弧内に◎又は〇をご記入ください。）。
　　（複数の項目がある場合は、一番大きな項目には◎を付してください。）
① 　レピュテーションリスクが問題となった。（　　）
② 　債務者企業についての財務情報等の情報が少なかったため、事業継続に失敗するリスクが問題となった。（　　）
③ 　その他（具体的にその内容をご教示ください。）

ア　レピュテーションリスク（選択肢①）

レピュテーションリスクが問題となったケースについては5割の回答があり、下記のとおり、多くの内容が寄せられた。レピュテーションリスクが問題とならなかったとの回答はごく少数であった。金融機関等が法的整理の債権者申立てを行う上で、いかにレピュテーションリスクが障害となるのか端的に物語るアンケート結果である（なお、前記「第4　事例研究」の**事例3**〔p.60〕、**事例4**〔p.62〕、**事例5**〔p.65〕、**事例7**〔p.71〕参照）。

〇破産手続の債権者申立てを行う場合、外部からの（金融機関に対する）評価を考えるべきで、金融機関の威信に傷がつくことも考えられた。結果としては、信用保証協会を含めた利害関係者全員が破産手続による公明正大な処理を望んだこと

から、処理を進めた。

○金融機関が取引先を倒産させたとの報道がなされることも予想されたため、申立てを余儀なくされた事情および事業再生による地元経済への貢献等について、理解を求めるべく対外的説明に努めた。

○「債権者の強い立場から地元の事業者を倒産させた」とのレピュテーションリスクを抱えていた事案であったが、当該事案は「濫用的な会社分割」であり、毅然とした姿勢を示す必要があるとの整理により、会社更生手続の債権者申立てを実施した。具体的には、①本件の詐害性や、事業継続および雇用維持を目的とした措置であることを、必要に応じ対外的に丁寧に説明（報道機関17社にリリース）、②地域の主要利害関係人（行政や商工会議所）に対しての個別説明の実施、③単独申立てではなく、他の金融機関との共同申立て、という対応をした。

○債権者として、会社更生法を申し立てるか否かは、レピュテーションリスクの観点も含め、さまざまな観点から検討。複数の弁護士に意見を伺い、最終的には、会社資金の私的流用、金融機関に提出された契約書の偽造、融資金の詐取と詐取金額の大きさ等、「悪質性」「被害の内容」「金融機関の公共性」を勘案すると、会社更生法ならびに刑事告訴が適切との判断に至った。

○本件申立債務者の業界は閉鎖的であり、本件申立債務者以外のその他債務者への影響が懸念材料としてあった。

○対象企業は地場の有力企業であり、新聞・テレビニュース等で金融機関が債権者申立てをしたことが周知の事実となり、影響は大。一方で、長年に渡る悪質な粉飾決算の存在が判明

したが、明確な再建策の提示もなされず、そのまま事業を継続すれば取引先等含め被害がさらに拡大するおそれもあったことから、苦渋の決断として債権者申立てに至った。

　なお、レピュテーションリスクが問題とならなかったケースについては、以下のような回答があった。

○レピュテーションリスクの予防として、①「債権者申立てを行うまでのプロセスをしっかり構築」し、②「自ら債権者申立てに関する説明を行い」、③「債権者申立て後の再建プロセスに全面的に協力し再建を実現」することで、結果、レピュテーションリスクは顕在化しなかったものと整理している。
○債務者企業の定性面に大きな問題があった事案であり、申立ての際に、債権者申立てによるレピュテーションリスクについては、それ程大きな問題とはなっていない。
○過去事例では特に対策を講じなかった。債権者申立てをするようなケースとは、徹底追及しないことが寧ろ不自然に映るような(レピュテーションリスクになりそうな)案件なのかもしれない。

　イ　事業継続失敗リスク（選択肢②）
　事業継続失敗リスクについては3割程度の回答であったが、下記のとおり、さまざまな回答があった。債務者の財務・事業・法務情報の不足に直面するおそれがある法的整理の債権者申立てのリスクを示すものである（なお、前記「第4　事例研究」の**事例4**〔p.62〕、**事例6**〔p.68〕、**事例7**〔p.71〕参照）。

○債務者企業についての財務情報等の情報が少なかったため、事業継続に失敗するリスクが問題となった。

○直近の決算書が未作成であったため、正確な財務状況が把握できず、将来の事業継続に疑義を持たざるをえなかった。

○債務者企業グループの事業内容自体は概ね把握できていたことから、財務情報等の情報の少なさから事業継続に失敗するリスクは問題とはならなかった。しかし、債権者申立てをするからには、必ず開始決定させなければならないという、強い決意と緊張感はあった。

○資産散逸等を含め、会社分割実行後の事業価値が想定以上に劣化している可能性があったため、資金繰り等を精査の上、事業再生に向けてDIP融資の実行について検討。なお、急速かつ回復不能な事業毀損がある等、事業再生が不可能と判断された場合には、早期に牽連破産による換価処分等を行えるよう検討も実施した。

　ウ　その他（選択肢③）

　具体的に挙げられた回答には、費用対効果を指摘するものとして、「申立事例が極めて少なく、費用対効果が具体的に算定できなかった」、「債権者破産申立てに係る予納金負担」、「債権者申立て時の予納金が多額になるであろうことは想定されたが、代理人弁護士より予納金は共益債権として弁済される説明を受けていたため、予納金の金額が債権者申立ての判断に障害とはならなかった」、債務者情況の把握の困難性を指摘するものとして、「申立てに係る資料が少なく、担当弁護士と債務者概要の把握に時間を要した」などがあった。

また、経営判断において、①新設会社に対する申立ての適切性の検討、②手段の適切性、③経営陣等による対抗措置の可能性の検討として、慎重な検討を行った回答もあった。すなわち、①申立ての適切性に関しては、濫用的会社分割と評価し、法人格否認の法理による親子会社一体として新設会社に直接債権を有すると構成した。会社分割を財産隠匿行為と評価し、親子会社の共同不法行為による債権侵害を理由として、新設会社に対し損害賠償請求権を有すると構成した（損害の算定は、担保毀損分ないし債務者の弁済額減少分）。

　②手段の適切性については、以下のとおり、他の債権回収・事業再生手段との比較も行い、他の債権者や従業員などの利害関係人も考慮の上、「債権者申立てによる会社更生手続」による再建を選択した。

○担保不動産競売については、担保不動産が複雑な権利関係にあり、競売による配当価格は著しく低額となる可能性が高かった上、事業再建につながらない可能性が高く、選択しないこととした。

○詐害行為取消訴訟については、権利実現に長期を要し、かつ勝訴しても適切な経営体制を早期に実現することはできないと判断した。

○破産については、破産による風評被害等を鑑みると、換価処分による回収額の下落は不可避であるため、経済合理的な手段とはいい難いと判断した。

○民事再生については、DIP 型手続を原則とするため経営陣が継続することとなり、事業・財産の保全実効性等に問題があると判断した。

○債権譲渡については、回収額が著しく低額となる見込みであ

る上、このままでは事業再建が困難で地域経済に悪影響が及ぶほか、安易な債権譲渡は債務免脱を企図する債務者企業を利する結果となりかねないと判断した。

③経営陣等による対抗措置の可能性の検討については、申立てに対し、経営陣が開始決定に対する即時抗告その他の対抗措置を講じてくる可能性があったため、あらかじめそのリスクを踏まえて法的構成等を検討した。

(5) 債務者の業種等

> **Q5** 今まで更生等の債権者申立てを検討したけれども断念したケースはありますか？
> ⇒ない場合は、Q8 にお進みください。
> ⇒ある場合には、債務者の業種等お時間をかけずに分かる情報を教えていただけますでしょうか？

12 件の回答があった。債務者の業種は以下のとおり多岐にわたっていた。

鮮魚加工業／小売業／旅館・ホテル業／製造業／ゲーム・アニメ関連 OEM 企画製造卸売業／WEB 広告代理業／パン小売業／福祉事業／ガソリンスタンド業／飲食料品（水産加工品）卸売業／菓子製造小売業／美容業／農耕用品小売業／結婚式場運営／印刷業　等

(6) 債権者申立てに至らなかった理由

> **Q6** Q5 に「ある」の方へ：債権者申立てを検討しながら、実際には申立てに至らなかった理由をご教授ください。
> ：該当する選択肢があれば全てお選びください（選択肢の後ろの

括弧内に◎又は〇をご記入ください。）。

　（複数の項目がある場合は、一番大きな項目には◎を付してください。）

① 債務者企業を倒産させた等のレピュテーションリスク等を懸念した。（　　）

② 更生手続の申立てを検討したが、更生手続の対象は株式会社のみであるが（会更２条１項）、債務者企業は株式会社以外の法人であったため（学校法人、医療法人など）。（　　）

③ 更生手続の申立要件である「株式会社の資本金の額の10分の１以上に当たる債権」を有しなかった（会更17条２項１号）。（　　）

④ 更生手続開始の申立てをする場合、ⅰ）破産手続開始の原因となる事実が生ずるおそれがある場合、ⅱ）弁済期にある債務を弁済することとすれば、その事業の継続に著しい支障を来すおそれがある場合、という更生手続開始の原因となる事実を疎明しなければならないが（会更17条１項、20条１項）、債務者企業の財務状況、債権者や担保権者状況、資金繰り状況、などの把握が困難であった。（　　）

⑤ 更生手続の開始決定後の確たる事業継続を見込めうる事業見通し、経営体制の構築ができなかった。（　　）

⑥ 予納金が高額。（　　）

⑦ 更生手続の申立て後、裁判所による調査命令（会更39条）、保全管理命令、監督命令、審尋などを経て、開始決定の見込や決定の時期が不透明なこと。（　　）

⑧ 担保権の処分権を維持したいので再生手続での債権者申立てを検討したが、東京地裁では、これまでの管理命令は再生債務者の納得を得た上で発令がなされ、再生債務者の反対にかかわらず、管理命令を発令した事例はない、ことから。（　　）

⑨ その他（具体的にその内容をご教示ください。）

多くの債権者が選択肢①のレピュテーションリスクおよび選択肢⑥の予納金が高額という点を挙げた。次いで、選択肢⑤の事業見通し、経営体制の構築ができなかったという回答が続いた。

　なお、選択肢②の株式会社以外の債務者の事例、選択肢③の会社更生手続の申立要件（資本金の10分の1以上の債権）を回答した債権者はいなかった。

Q6　債権者申立てに至らなかった理由

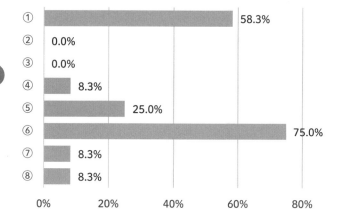

「その他（具体的にその内容をご教示ください）」に対しては、以下のような回答があった。

○詐害的会社分割が強く疑われた事案について、債権者による破産申立てを検討したが、分割会社が事業継続中であったことから、債権者申立てを行った場合、一定のレピュテーションリスクが懸念された。また、流出した資産もそれほど多額であるとは考えられなかったため、費用対効果の観点から債

権者申立ては留保していた。結果として、ほどなくして債務
者は自己破産の申立てに至った。

○管理型民事再生手続の債権者申立てを検討したが、具体化す
る前に債務者が自ら管理型民事再生の申立てをした。

(7) 債務者の説得に成功して私的整理を実現した場合

Q7 Q5 に「ある」の方へ：債権者申立てを検討しながら、実際
には申立てに至らなかった場合に、債務者を説得して、自ら私的
整理や民事再生等の申立てをさせたというケースはありますか？
　ある場合、どのような経緯でしょうか？　私的整理に至る経緯
及び説得できた要因についてご説明いただけますか？

　本設問に対しては、「（準則型ではなく）任意交渉による私的整
理の実績がある。主として遊休資産等の売却による債務圧縮で、
該当資産が本当に事業継続に不可欠なのかの検討を繰り返し促す
ことによって債務者を説得した」というケースや、「過剰債務企
業、永年延滞中で期限の利益はないが、事業自体は継続中。法的
整理申立ての説得を試みるも、寝転がり状態だった。結果として、
債務者の説得に成功して私的整理を実現した」というケースが挙
げられた。

(8) 法的整理の債権者申立てに関するガイドラインの要否

Q8 更生等の法的整理について（債権者申立てによるレピュテー
ションリスクを申立債権者が負わないようにするとか、債務者企
業についての財務情報等の情報が少ない中での債権者申立ての途
を開く等、債権者による申立てのハードルを下げる観点で）債権
者申立てに関するガイドラインを策定することについてどのよう

にお考えになりますか？　また、どのような趣旨のガイドライン
が策定されることを望みますか？

　本設問への回答は、積極意見が7割以上を占めた。ガイドライ
ン策定にあたってどのような方針、内容が求められるかについ
ては、さまざまな回答が寄せられた。

○法的整理の申立てを行う上での基準・検討すべき具体的事項
　の明示が必要。
○法的整理の開始原因の疎明・判断方法、申立て前の債権者の
　取るべき行動、債務者側の帰責性の明示が必要。
○費用対効果の観点が重要。経済合理性が認められる予納金設
　定。
○申立ての濫用防止措置の整備が重要。
○債権者申立ての目的、適切事例・不適切事例、申立債権者の
　メリット・デメリット、代理人弁護士との連携方法等が織り
　込まれる必要。
○債権者申立てが受理される条件（裁判所の目線）の明示が望
　ましい。裁判所の運用の反映が必要。申立ての時点から6か
　月程度の資金繰り予定表の提出はかなりハードルが高いが、
　一定期間の資金繰りの確保が再建に必須である点も事実であ
　り、この関係性の理解醸成が有益。
○第三者機関の報告書等の作成を推奨することが望ましい。
○債権者申立てを正当化できる事象の例示が望まれる。
○債務者側の個別事情の開示の扱いが重要。
○法的整理の債権者申立てには、相当な社会的要請が必要。

○さまざまな取組みを行っている各金融機関債権者の利害調整・バランス確保が必要。

○事業再生を促す体制の構築を主眼とすべき。

○取引債務者企業は中小企業であり、破産手続を含めたガイドラインであれば活用機会があるかもしれない。

○特殊事情として個別検討することが本来。

○経営者に私的整理に向かう決断を促す方向に意義がある。

消極的意見はわずかであった。主な回答は以下のとおり。

○法的整理の債権者申立てが必要となる事案は稀。

○申立費用や書類作成の負担等を踏まえると費用対効果が認められない。

○保証利用先の多くは中小企業であり、活用ケースは稀。

(9) 債権者申立てに要する費用負担

Q9 更生等の法的整理を債権者が申し立てる場合に、申立てに要する費用負担に関する問題の指摘があります。具体的には、①会社更生の申立てに係る予納金額について基準を公表して欲しい、②更生等法的整理の債権者申立てに係る申立代理人の弁護士費用の合理的な部分を共益債権化して欲しいといった意見です。これらの意見について、どのようにお考えになりますか？

＊なお、アンケート実施時点で予納金基準は公表されていなかったが、アンケート実施後に東京地方裁判所民事第20部が公表した会社更生の予納金基準は前記**第3　2**(6)「**ウ　事前相談・予納金**」〔p.21〕を参照。

ア　会社更生の申立てに係る予納金額基準の公表の要否

　積極意見が過半数を超えており、消極意見は少なかった。積極意見では、「予納金額が必要となる根拠の説明が必要。事案の規模や難易度、手続遂行上の必要人材等により差異が出ることへの理解不足に問題がある」との回答もあった。

　また、予納金に関するその他の意見として、予納金額の減額を求める意見が1割程度あり、負債総額10億円未満の債務者について基準の細分化を求める意見もあった。

イ　更生等法的整理の債権者申立てに係る申立代理人の弁護士費用の合理的な部分を共益債権化するべきか否か

　積極意見の回答が7割近く、消極意見の回答は少なかった。積極意見のうち、以下のような回答もあった。

○債務者事業の特殊性や地域産業の維持など合理的根拠が必要。
○債権者間の公平性の担保の観点が重要。
○債務者財産や債権者の担保対象財産への影響への考慮が必要。
○裁判所のキャパシティオーバーによる重要案件の長期化を懸念するので、一定以上の有利子負債ケースに限定する運用も検討すべき。
○共益債権化する合理的部分の基準や考え方の明示が重要。合理的部分の判断基準が難問。
○債権者の全体の利益の観点が重要。
○申立債権者のための行為という側面があることから、ケースごとに裁判所の判断に委ねるべき。

⑽ その他の意見

> **Q10** その他ご意見があれば是非ご教示ください。

本設問に対してはさまざまな回答が寄せられた。

○更生等の申立ては、地域経済・雇用に重大な影響を及ぼす一定規模以上の企業に特別に認められるスキームとすべきである。

○サービサーは債権の簿価を時価に引き直すツールとして、むしろそうした私的整理に取り組む金融機関・再生コンサル等とのジョイント・パートナーとなりうる。

○債権者申立てについて事案が少ないため、ホームページ等で可能な範囲での事案等情報を公開していただきたい。現実的に債権者申立てを必要とする事案は極めて少ないものと想定されることから、具体的事例についてより多くの情報発信を望む。債権者申立ての成功事例公表が、申立件数の増加につながると思う。

○破産（清算型法的整理）申立てについてのガイドライン策定も検討願いたい。所謂「ゾンビ企業」といわれる企業の市場からの退場を債権者からも促し、公正な競争環境確保を図ることも必要ではないかと考える。

○債権者申立てに関するガイドラインができたとしても、以下の理由によりガイドラインの活用は現実的ではない。すなわち、平常時でも非協力的な相手に、強制力のない管財人が手続を遂行しても、得られる情報は少なく、コストやリスク（金銭負担・信用等あらゆるリスク）と効果（破産配当・債務者

の道義的責任負担実行）を天秤に掛けると、債権者申立ての検討は現実的ではない。

○近年の会社更生手続の件数推移からもわかるとおり、会社更生の申立代理人の経験を有する弁護士も限られており、「ガイドライン」の策定は、債権者・申立代理人の双方にとって、迅速に事件処理を進めるために効果的である。ガイドラインの策定と共に、管財人人材の育成・確保が必要である。

○資産流出などの詐害行為の悪質性の度合いやメイン行も含めた多数の債権者の債権価値の毀損の影響の大きさ、真面目に働いている従業員の生活基盤を少しでも維持するといった「大義」と、「倒産した会社」というレッテルが貼られることにより、ブランド価値の毀損や従来の取引先から仕入れができなくなるなどの業務の継続が困難になるリスクとの兼ね合いで判断するのではないかと思料する。悪質な粉飾、人をだますような債務者は、債権者申立てをされてもやむをえないということをガイドラインに織り込むべきである。企業経営者の責務やモラルを果たさない経営者は、できるだけ速やかに市場から退場させるべきであって、そのような措置をとることにより、企業の新陳代謝を促すことが必要ではないかと考える。

○法的整理の債権者申立ては、申立てすることに経済合理性があると整理する必要があるので申立て後の事業の見通しについて、ある程度確信があることが前提となると考える。ただ、資料が全くないものの、明らかに会社の資産を外部に流出させるなどして今後の事業の見通し以前に「今」の資産が毀損し続けると判断した場合は、申立てを決意するケースもあるのではないか。

⑾ **債務者の経営権、経営裁量との関係で、法的整理の債権者申立てを正当化する事情**

Q11 仮に債権者申立てに関するガイドラインを策定する場合、その要件についてお伺いします。債務者の経営権、経営裁量との関係で、どのような要件を満たせば経営権を法的に奪って良いとお考えになりますか？

：該当する選択肢があれば全てお選びください（選択肢の後ろの括弧内に◎又は〇をご記入ください。）。

（複数の項目がある場合は、一番大きな項目には◎を付してください。）

① 債務者としての債務を履行しない。（　　　）

② 基本的な情報開示を行わない。虚偽の情報開示を行っている。（　　　）

③ 会社資産の私的流用、過大な役員報酬等の流出。（　　　）

④ 債務者の事業が地域経済にとって重要であること。（　　　）

⑤ 企業倫理として懸念されうる組織との交流、経営への影響の疑いが懸念された。（　　　）

⑥ 債務者による私的整理や民事再生の進め方に問題がある。（　　　）

⑦ その他（自由回答）

　本設問への回答として、選択肢②および③を挙げる債権者が比較的多かった。なお、選択肢④のみ回答が5割を下回った（下記「⑦その他（自由回答）」も参照）。

Q11 ガイドライン策定の要件

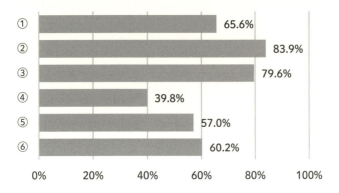

「⑦その他（自由回答）」には、多くのさまざまな回答があった。

○選択肢①～⑥のような事情が重なって判断されるものと思料。
○すべての選択肢が該当するが、債権者が申し立てるとするなら、当該企業を再建させる大義は絶対必要である。また、そのことに対する社会的要請が必要であるが、社会的要請を明確に示せる工夫が必要。
○基本的には「①債務者としての債務を履行しない。」とそれ以外の要素が一つであれば正当化する事情になりうる（②以降の項目は特に重大な懸念がある場合にでも単独でも正当化する事情になりうる）と考える。
○選択肢②～⑥は、債務者が経営権を奪われてもやむをえないと一般的に思われる事態であり、「①債務者としての債務を履行しない。」に加えて、選択肢②～⑥の、より多くの項目が該当（少なくとも一つ以上に該当）していることが望ましいと考える。なお、「④債務者の事業が地域経済にとって重要

であること。」については、再生型の場合は必要と考えるが、清算型であれば必ずしも必要な項目ではないと考える。

○「②基本的な情報開示を行わない。虚偽の情報開示を行っている。」「③会社資産の私的流用、過大な役員報酬等の流出。」についてはその度合いや、債務者の悪質性の有無といった点も考慮すべき。

○「①債務者としての債務を履行しない。」は当然として、「④債務者の事業が地域経済にとって重要であること。」を除く部分は再生事案における経済合理性を判断するにあたり役員への信頼度の問題であり、多かれ少なかれ発生していなければ債権者申立ての法的整理という話になることはないと考えられる。「④債務者の事業が地域経済にとって重要であること。」は別の側面での判断材料となる問題であり、他の債務者との比較においてなぜこの会社を救うのかという理由付けに必要。

○「①債務者としての債務を履行しない。」「②基本的な情報開示を行わない。虚偽の情報開示を行っている。」「③会社資産の私的流用、過大な役員報酬等の流出。」「⑤企業倫理として懸念されうる組織との交流、経営への影響の疑いが懸念された。」は程度問題ではないかと考える。期限の利益喪失事由に該当するものの事情をやむをえない場合もあり、直ちに経営権の剥奪までに至らないケースもあれば、当該項目について債務者に重過失があると悪質性が明確で看過できないケースもある。「⑥債務者による私的整理や民事再生の進め方に問題がある。」についても同様で私的整理や民事再生の進め方が債権者を含む関係者の意見をまったく無視する等、強権的で意見交換ができない場合など経営陣との信頼関係が構築

できないことが明確な場合は経営権への介入も致し方ないのではと考える。

○「①債務者としての債務を履行しない。」は当然の条件であり、これは債務者自身が申し立てる理由であり、債権者があえて申し立てる理由にならなのではないか。「④債務者の事業が地域経済にとって重要であること。」がなくても「②基本的な情報開示を行わない。虚偽の情報開示を行っている。」「③会社資産の私的流用、過大な役員報酬等の流出。」があれば債権者申立ては認められるべきである。特に、最近、粉飾、私的流用でもかなり悪質な事案が増えているように思われる。そのため、選択肢②③は要素として重視している。

○「⑤企業倫理として懸念されうる組織との交流、経営への影響の疑いが懸念された。」の「の疑いが懸念された」ではなく、「が明確になった」であれば、十分に上記事情に該当する。

○偏頗的、あるいは詐害的な行為が行われている。

○融資金詐取の疑いが濃いなど、債務弁済面での悪質性が伺えるとき。

○早急に対処しなければ大きく会社資産を毀損するなどの「緊急性」を追加すべきであると思う。

○私的整理を進めようと試みたものの、債権者の合意が取れなかった場合。

○構築されてきた信頼関係の崩壊または信頼関係の構築が困難となった場合、および債権者の事業運営上多大な損害をもたらしたまたはもたらすおそれがある場合。

○一般消費者等に甚大な影響の出る詐欺的商法の遮断や、コンプライアンス上の不正が発覚したと債権者が認識した時点な

ど、債務者企業の経営権・経営裁量を超えて被害を防止する目的とあわせた申立てであること。

○債権者申立ての主要因は、債務者の現経営者による再生手続を実施させないこと。

○資産の隠蔽、偏頗弁済、詐害行為などの未然防止。

⑫ 十分な資料開示がないことから、法的整理による事業継続がうまくいかない場合の申立債権者の経営責任

Q12 十分な資料開示がない場合について、結果として法的整理による事業継続がうまくいかない場合に申立てをした債権者の経営陣が責任を負うべきかという問題があります。この点について以下のような考えがありますが、お考えに近いものをお選びください。
：該当する選択肢があれば全てお選びください（選択肢の後ろの括弧内に◎又は〇をご記入ください。）。
　（複数の項目がある場合は、一番大きな項目には◎を付してください。）
① 債権者が法律に基づき債権者としての権利行使をした結果に過ぎない以上、責任を負う理由がない。（　　　）
② 債権者が法律に基づき債権者としての権利行使をした結果に過ぎないし、法的整理の中で事業継続のための情報提供に協力しない債務者企業の経営陣に問題がある以上、責任を負う理由がない。（　　　）
③ 法的整理による事業継続がうまくいかなかった主な原因が、債権者として申立て当時知らず、かつ債権者として法律に基づく合理的な対応を取ったものの知りえなかった事情にある場合には、責任を負う理由がない。（　　　）
④ 債務者企業の事業が劣化しており、かつ債務者企業がこれに対して事業継続のための合理的な対応を取らない場合には、債権者が法律に基づき債権者としての権利行使をした結果に過ぎ

ない以上、責任を負う理由がない。（　）
⑤　その他（自由回答）

　本設問に対しては、選択肢①～④のいずれについても多くの債権者が回答した。なお、過半数を超えた回答は選択肢①「債権者が法律に基づき債権者としての権利行使をした結果に過ぎない以上、責任を負う理由がない。」であった。

Q12　申立債権者の責任

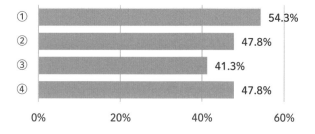

「⑦その他（自由回答）」としては以下のような回答があった。

○企業の実情を知りえない債権者が申し立てるのであるから、うまくいかない可能性も少なからずあり、その責任を債権者が負うことになれば、申立てのリスクを取る債権者は極めて少数となるであろう。
○選択肢①から④の事情を総合判断の上、あくまで申立債権者のみの利益ではなく、大部分の債権者の利益に貢献する手続であれば、結果については、免責されるべきと考える。
○③のケースのような場合（「法的整理による事業継続がうまく

いかなかった主な原因が、債権者として申立て当時知らず、かつ債権者として法律に基づく合理的な対応を取ったものの知り得なかった事情」には、「責任を負う理由がない。」とすることは、やむをえないものと考える。

○最終手段としての選択であるはずであり、たとえ失敗しても責任を負う話にするべきでないと考える。

○裁判所の手続開始決定が大きな免責要件になるのでは。その他としては、資料の公式な開示要求の証跡とそれに応じなかった事実といったところが重要。

○法的整理手続を前提とすれば、開始決定後は裁判所も関わっての判断であるため経営陣の問題にはならない。他方、開始決定までに至らなかった場合においては判断の責任は出てくると思うので、この点について一定の要件を満たせば免責となるような仕組みがあった方がよいと考える（たとえば、簿外債務の発覚のように債権者申立て後に債権者申立て前の時点で企業経営に悪影響を及ぼす重大な事実が存在していたことが判明したこと等）。

⒀　債務者企業の経営に対する権利を不当に侵害しないための法的整理の債権者申立ての濫用防止措置の要否

Q13　債務者企業の経営に対する権利を不当に侵害しないように、法的整理の債権者申立てについて濫用を防止する措置が必要であるとの意見について、下記のような考え方があります。これら意見についてどのようにお考えになりますか？
：該当する選択肢があれば全てお選びください（選択肢の後ろの括弧内に◎又は○をご記入ください。）。
　（複数の項目がある場合は、一番大きな項目には◎を付してく

ださい。)
① 法律に基づく申立てであり、法律の要件に従っている以上、これを超えて濫用防止の措置は不要である。(　　)
② 緊急性があるような場合や情報管理に気を配る必要がある場合を除き、債務者企業との事前の協議や事前告知を行うことが必要である。(　　)
③ 弊害が生じる場合を除き、担保権実行や預金拘束等の前段階の交渉措置が功を奏しない場合に行うべきである。(　　)
④ その他(自由回答)

本設問に対しては、多くの債権者が選択肢①および②を選択した。

Q13　債権者申立ての濫用防止措置

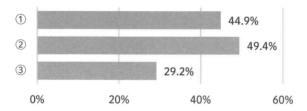

「④その他(自由回答)」としては以下のような回答があった。

○債権者間の調整が必要。
○経営権や株主の私権を制限する強力な法律である以上、濫用防止については申立て時の審理に必須な要件と考える。緊急性がある場合を除き、通常は私的整理の交渉が決裂した段階において検討される手法であり、一般的に金融機関が行う債権者申立てにおいては想定しないものの、一般債権者が恣

意的に手続を行うケースなど、とくに債権者申立ての場合は
「濫用防止」には留意する必要はあろうかと思う。

○債権者申立てにより、債務者の従業員、ステークホルダー等、
さまざまな関係者に多大な影響を与えてしまう以上、濫用防
止措置は必要と考える。債権者申立てに関するガイドライン
等により、債権者申立てを正当化できる事象の明示や、債権
者申立てを正当化できるプロセスの明示が有効と考える。

○ハードルを上げることにつながるかもしれないが、複数債権
者による申立てを条件としてはどうかと考える。

○過度な債権回収やM&Aの手数料収入獲得の観点で旧経営陣
を追放する手段として使われないように濫用を防止する措置
も手当すべき。

○濫用防止策を講じなくても、すでにレピュテーションリスク
を警戒することによる自制が働いていると考える。

⒁　ガイドラインによる申立ての義務づけ

> **Q14**　更生等の法的整理の債権者申立てに関するガイドラインの効
> 果について、申立てを義務づけるガイドラインとすることは適切
> ではないと考えておりますが、ご意見を下記にご記入ください。
> ①　義務づけないことに賛成である。
> ②　義務づけることに賛成である。
> ③　その他（自由回答）

　義務づけることに賛成とした回答はなかった。

　その理由（その他（自由回答））として、「要件を定めたとして
もその要件をどの組織が確認するのか」「そもそも申立てを行う
かどうかは債権者の自由」などの回答があった。

Q14 ガイドラインによる申立ての義務づけ

(15) ガイドラインに従って申し立てた場合の効果

> **Q15** 更生等の法的整理の債権者申立てに関するガイドラインの効果に関し、申立てをしたにもかかわらず結果として法的整理による事業継続がうまくいかない場合について、債権者申立てに関するガイドラインに従って申立てをした場合には、債権者としての経営判断について裁量の範囲内の行為であると考える大きな要素（責任が生じないことを基礎づける重要な根拠事情となる。）とすることについて、どのようにお考えになりますか？
> ① 賛成である。
> ② 反対である。
> ③ その他（自由回答）

ガイドラインの効果について、結果として法的整理による事業継続がうまくいかない場合に債権者としての責任が生じないことを基礎づける重要な根拠事情とすることについて、ほとんどの債権者が賛成の回答であった。

Q15　ガイドラインによる申立ての効果

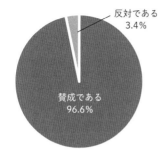

「③その他(自由回答)」としては以下のような回答があった。

○ガイドラインに沿う・沿わないに関係なく、法的に認められた行為を自身の判断で行うだけであり、事業が継続できなかったとしても、債権者に責任はないと考える。
○債権者が法律に基づき債権者としての権利行使をした結果に過ぎない以上、責任を負う理由がない。
○状況により結論が異なると思う。
○申立債権者は、事業再建を必達する強い覚悟が必要と考える。事業継続できなかった場合でも、ガイドラインに従った取扱いであり問題ないと整理できてしまうのは、債権者申立ての安易な運用につながる懸念がある。
○この点について申立債権者にある程度以上の保証がないと結局申立てできなくなるので、とても重要と考える。
○当時の限られた資料の範囲(しっかりと開示要求を行った前提)では、申立てが得策と結論づけた際の経済合理性と大儀、裁判所が開始決定の判断を下したという事実、ガイドラインの趣旨に沿うという事実が重要。

○法的な争いの余地を完全に消すことは不可能なので、（ガイドラインの有無にかかわらず）申立て時に裁判所と十分に認識を摺り合わせ、合意しておく等、できる限りの対策が求められる。

⒃　ガイドラインに従って申し立てた場合のレピュテーションリスク

Q16　更生等の法的整理の債権者申立てに関するガイドラインの効果に関し、債権者申立てに関するガイドラインに従って申し立てた場合には、申立てをしたことに対するレピュテーションリスクについて、ガイドラインに従って申立てをしたことを抗弁として主張することを認める等を通じてレピュテーションリスクを<u>減ずる効果を享受できるようにすべきであるとの考え</u>について、どのようにお考えになりますか？
①　賛成である。
②　反対である。
③　その他（自由回答）

　ガイドラインの効果に関し、レピュテーションリスクを減ずる効果を享受できるようにすべきであるとの考えについて、ほとんどの債権者が賛成の回答であった。

Q16 ガイドラインによるレピュテーションリスク

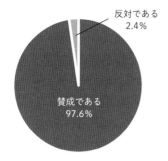

「③その他(自由回答)」としては以下のような回答があった。

○ガイドラインにレピュテーションリスクを減ずる定めをしたところで、それが発生することを抑制することにはつながらない。
○ガイドラインに沿った申立てを行うことで、レピュテーションリスクを回避・軽減できるのであれば賛成であるが、本当にそうした効果が期待できるのかについては、正直半信半疑。
○申立債権者がガイドラインを抗弁として主張したことで、かえって世間の耳目を集めるのではないかという懸念をもっている。
○ガイドラインを準則型のルールとした場合、あくまで債権者が申立てを行うに際して検討すべき事項を整理した内容であり、判断材料の一つとしての効果を期待。
○公の理解として、どのような場合に債権者申立てがなされるのかがガイドラインに示されることは、相当にレピュテーションリスクを減ずる効果があるものと考える。

○「当該ガイドラインに沿って申し立てた」ということが第三者にもわかるような運用ができるならば、「債務者に問題があったんだ」と自ずと理解してもらえるようになる可能性が考えられるのでハードルは下がると思う。

○一定の効果は期待できると思われる。しかしながら、法的整理が一般化することが一番だと思う。過去、企業買収においてPEファンドが批判の対象となったことがあったが、大企業のカーブアウトが一般的になる中でむしろ必要な機能との認識ももたれつつある。レピュテーションは他者が判断するものである以上、ルール等で減ずることは限界もあるので、法的整理の効能を理解してもらい活用事例を増やすことが必要ではないか。

○現経営陣や株主が「債権者申立てがなければ期待できた収益を確保できた。あるいはそのことにより事業環境が毀損した」と主張した場合、ガイドラインだけをもって抗弁できるか疑問をもつ。債権者と債務者が現状認識を近しく共有し、債権者申立てに合理性があると理解するよう議論を尽くすべきではないか。ある意味「会社は誰のもの？」という本質論に踏み込むものであるがゆえに慎重な対応が双方に必要ではないか。

○ガイドラインにより、債権者申立てが最後の選択肢となりうる形となることは望ましいが、地域金融機関にとって、債権者申立てによるレピュテーションリスクはガイドラインのみでは排除できない問題であるものと思われる。

⒄ ガイドラインが債務者自らの早期申立てへのインセンティブになることについて

> **Q17** 更生等の法的整理の債権者申立てに関するガイドラインの効果に関し、実際に債権者申立てを行うか否かは別として、債務者自らが早期に法的整理や私的整理を申し立てることに結びつくという（レンダーガバナンス面での）効果が期待できるという意見があります。この意見についてどのようにお考えになりますか？

　ガイドラインの効果に関し、ほとんどの債権者が、債務者自らが早期に法的整理や私的整理を申し立てることに結びつくという（レンダーガバナンス面での）効果が期待できるとの回答であった。

Q17　債務者におけるガイドラインの効果

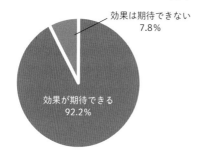

　具体的には、以下のような回答があった。

○十分な知識なく経営者になってしまった経営者は多く、粉飾決算、会社財産の私的流用や優先債権の滞納などをなくす工夫が必要であろう。
○ガイドラインの活用が進み、申立てが頻繁に発生することで、債権者による申立てが世間に認知されるようになれば、効果

は出てくるのかもしれない。

○整理に限らず債務者自ら適切な選択がなされることが望ましい。ガイドラインが債務者にとって過度なプレッシャーとなるべきではないと考える。

○ガイドラインの策定により、債務者が早期に法的整理に着手することについて大きな効果は期待できないが、一定の効果はあると考える。

○選択肢が増えるのはよいが、濫用防止が必要と考える。

○申立費用がない債務者やその日暮らしを過ごす債務者も多数存在し、効果は期待できないと考える。

○ガイドラインが公表され、広く世間に周知されることが、債務者自らが早期に法的整理や私的整理を申し立てることに結びつく効果が期待できると考える。

○「賛成」であると同時に、早期申立てが「経済合理性に叶うこと」を多くの債権者に周知させることも「ガイドライン」に期待すべき役割・効果であると考える。

○ガイドラインの存在は、債務者自らの申立てに結びつく効果が十分期待できると考える。まずは債務者自身による会社更生手続の申立てを求め、応じなければ債権者申立てを行う旨通告したケースでも、債務者側は、当初、そんなことをするはずない、できるわけないと考えていた。当時、ガイドラインが存在していれば、早期に自ら申立てを行っていたのではないかと考える。

○ガイドラインで申立てがしやすくなれば、支援協（注：現在の中小企業活性化協議会）利用など自主的な私的整理手続の後押しになると考える。

○債権者の協力なしで再建することは難しいケースが多いこと、

債権者が透明性・公平性を求めるケースが多いこと、を踏まえると、経営者が本気で何とか再建したい、事業や従業員を守りたいと考えているケースは、債権者と敵対関係となる債権者申立てになるより自ら申し立てた方がよいと考えることにつながると思う。一方で本気で考えていない場合や債権者と敵対関係でも構わないと考えている場合、自分の資産のみ守れればよいと思うような経営者の場合は、費用負担も含めて自ら申し立てる気になるかは不透明だと思う。

○レンダーガバナンスの視点以外では、抜本的な事業再生や法的整理・私的整理の増減の背景に、金融機関では引当金やバーゼル規制による影響があったと思われる。したがって、まずは、大きな政策目標があって、その後、各金融機関で事業再生に取り組む必要に迫られた際に拠り所となるルールブックの整備の有効性はあるとは思う。

○「何のために？」「誰のために？」という本質論が協議された結果、債務者もしくは債権者が経済的合理性をもとに申し立てるべきではないか。更生担保権処分など目先の回収(利益)確保だけを先行させる債権者申立てや、ガイドラインにより何らかのプレッシャーをかけるという考え方は、再生・雇用確保・取引先確保という本質論から逸脱し「申立数を増加させる」という目標だけにならないか。

○債権者申立てが対外的にも認知され、申立てのハードルが下がることで、債務者に対するガバナンスの発揮、偏頗行為・詐害行為等の未然防止につながる可能性があり、また、事業価値が著しく毀損する前に早期再生につなぐ選択肢が確保可能という点において、ガイドラインの策定は望ましいものと思われる。

第6 債権者申立てにおける実務課題

　前記「**第4　事例研究**」〔p.51〕、「**第5　アンケート**」〔p.81〕を通じて、事前に想定していた課題について、その相当部分が実務上、実際に存在するということが判明した。

　具体的には、金融債権者は、経営改善支援や抜本的な事業再生支援をしたにもかかわらず債務者企業が債務不履行状態に陥り、債務者企業として債務の返済に向けた誠実な努力がみられないような場合、①債務者企業の事業継続が不確実になること（事業継続リスク）はもちろんのこと、②金融債権者が法的倒産手続のトリガーを引いたこと等に関する自身のレピュテーションの毀損（レピュテーションリスク）等を憂慮し、債務者企業のガバナンスに関する重大な問題や、財産の隠匿・毀損が行われようとしているといった現実に差し迫った問題がなければ、なかなか法的倒産手続の債権者申立てに踏み切れない実情にあることが確認できた。また、本研究会の検討において、③金融債権者自身の債務者企業に対する貸付債権が毀損すること（債権毀損リスク）も債権者申立てを躊躇させる、あるいは、債権者申立てに配慮を要する事項であることが認識されるに至った。

　そこで、これらの①事業継続リスク、②レピュテーションリスク、③債権毀損リスクの3つの視点から実務上の課題として整理した。

1 事業継続リスク

　法的倒産手続は裁判手続であり、裁判所の監督の下、会社更生手続であれば保全管理人・管財人が手続を遂行し、民事再生手続であれば原則として債務者企業が手続を遂行する。他方、債権者申立ての場合、申立債権者は、申立て後は法的倒産手続に利害関係を有する債権者として手続参加することになる。

　このような法的倒産手続の構造上、申立て後の事業継続リスクへの対処は、裁判所の監督の下、保全管理人・管財人や債務者企業によってなされることになり、申立債権者が債務者企業の事業継続リスクを直接負担するものではない。

　そもそも、申立て後の事業継続リスクに適切に対処するためには、申立て前からの検討・事前準備が不可欠である。しかし、債権者申立ての場合には債務者企業自身による事業継続リスクへの対応が期待できないため、債務者企業に代わって、申立債権者が、裁判所や管財人候補者などと協議をしながら、事業継続リスクへの対応策を検討せざるをえないのが実情である。

　したがって、現実には申立債権者がアクセスできる情報や検討しうる内容には限界があり、そのような中でも債権者として法的倒産手続の申立てもやむなしと合理的に判断した経緯があることを踏まえれば、申立債権者（金融機関）は、事業継続リスクを過大視する必要はないであろう。すなわち、申立金融債権者は、申立てに至る経緯を踏まえて、裁判所が保全管理人を選任するまでの初期的な、あるいは手続を円滑に進行するための補助的な役割を期待されていると考えるのが妥当である。

　実際にも、法的倒産手続を申し立てようとする金融債権者は、事業継続リスクに関連して相応の検討や対応を行っており手続を

円滑に進行するための補助的な役割を果たしていることが、事例研究、アンケート調査から確認された。

具体的には、以下(1)～(6)のとおり、分類することができる。

(1) 情報開示の拒絶等に起因する情報不足

多くの事例で金融債権者において債務者企業の財務状況に関する情報が不足しており、事業継続が可能かについて、十分な検討ができなかったことが指摘されている。

情報不足である理由として、債務者企業が非協力的であり金融債権者からの情報開示要請に十分応じないことが大きい。債権者申立てに至る事例では、債務者企業が金融債権者と適切なコミュニケーションをとらず、非協力的な事例が少なくなく、それどころか敵対的な事例まで存在する。たとえば、経営権争いが生じ新経営陣に代わったとたんに情報提供を拒絶した事例（**事例4**〔p.62〕）、金融債権者への事前説明もないまま会社分割を実行し必要な情報開示をしない事例（**事例2**〔p.56〕、**事例7**〔p.71〕）もあり、非協力的あるいは敵対的となるきっかけもさまざまであるが、不正行為や財産隠匿等が発覚し、または疑われる事例では、情報開示に非協力的となる傾向が見受けられる。なお、債権者破産申立事例でありいずれも事業継続リスクが問題となったものではないが、申立てを選択した経緯として債務者企業が金融債権者に対して不誠実な対応に終始していた事例もあった（前記**第5 2**(3)「**ア　信頼関係の毀損（選択肢①）**」の回答〔p.86〕参照）。

他方で、債務者企業の財務経理処理体制が脆弱であるがゆえに資金繰り表が作成できないことなどから、金融債権者が求める水準の情報を債務者企業が提供できず、金融債権者として情報不足という事例もあった（**事例1**〔p.53〕）。会社更生の債権者申立て

では、一定の売上規模のある債務者企業が対象となることが多いため、債務者企業の財務経理処理体制が脆弱といった場面は限られるかもしれないが、民事再生等その他の債権者申立ての場面では中小零細企業である債務者企業も対象となることから、このような事情が認められる事例も多くなるかもしれない。

また、金融債権者の情報開示要請によって情報開示が行われたとしても、開示された情報自体の信用性に疑義がある事例もある（**事例６**〔p.68〕、**事例８**〔p.74〕）。なお、長年にわたる悪質な粉飾決算の存在が債権者申立ての理由として指摘されている事例もあり（前記**第５　２(3)「ウ　債務者の事業運営の問題（選択肢③）」**の回答〔p.88〕参照）、典型的には悪質な粉飾決算が判明した場合に加え、経営陣による資金の私的流用や、関連会社等第三者への資金流出が発覚した場合もこれに該当する。このような事例では、金融債権者として、粉飾決算が事業実態に与える影響はどの程度なのか、また、このような経営陣によって作成された財務情報が果たして事業実態を示すものなのか分析し、適切に判断していくことが重要となる。

一般論として、債権者申立てを検討する金融債権者が、債務者企業から開示を受けられる財務経理情報には限りがあり、その限られた内容から、債務者企業の事業実態を把握して事業継続可能性を分析せざるをえず、債務者企業からの財務情報が不足する、あるいは、開示された情報の信用性に疑義のある場合には、再建型の法的倒産手続を申し立てたところで果たして再生できるのかというリスクがある。

なお、このようなリスクに備え、次の(2)以下にあるとおりDIPファイナンスの枠を設定したり、その他さまざまな対応を検討し、事業継続に支障が生じないような対応を取っていることも認めら

れた。

(2)　資金繰りの見通し

　債務者企業の情報が不足するがゆえに資金繰りの見通しが十分立たない、または、情報があったものの資金繰りが懸念される場合には、申立関係者から資金繰りの確保のため DIP ファイナンスに関する事実上の約束を取り付けた上で保全管理命令を発令することもあるとされる[44]。

　「第 4　事例研究」においても、申立金融債権者として、債務者企業の資金繰りの見通しをつけるため、一定の対応を取った事例が確認できた。

　たとえば、債務者企業の情報不足ゆえに事業継続リスクが問題となった場合や、事前情報からも資金繰りが懸念された場合で、申立金融債権者として申立て時にあらかじめ DIP ファイナンスの枠を設定した事例や（**事例 5**〔p.65〕、**事例 7**〔p.71〕）、申立て後に資金繰り不足が生じたときに DIP ファイナンスを実行したという事例があった（**事例 1**〔p.53〕、**事例 4**〔p.62〕、**事例 6**〔p.68〕、**事例 9**〔p.77〕）。また、申立金融債権者自らは DIP ファイナンスを実行できなかったものの、他の金融機関による DIP ファイナンスの実現に協力したという事例もあった（**事例 2**〔p.56〕）。加えて、金融債権者が相殺対象の預金を解放して、申立て後の債務者企業の資金繰りへの使用を許容した事例もある（**事例 3**〔p.60〕、**事例 5**）。

　申立て後の資金繰りの見通しはきわめて重要な問題であるため、申立金融債権者としても、特に再建型の倒産手続において検討や

---

44)　東京地裁会社更生実務研究会編・前掲（注 2 ）40 頁。

対策をとっている事例が多い。中には、裁判所から DIP ファイナンスが実施できるかについて意向確認があったという事例（**事例1**〔p.53〕）もあり、資金繰りに懸念のある事案では、事実上、申立金融債権者に債務者企業の資金繰りへの協力が求められているという実情も窺えた。

(3) 取引先への説明・取引継続の対応

　事業継続のためには申立て後も主要取引先と従前どおりの取引を継続することが大前提である。「第4　事例研究」で紹介した全9事例で、かかる目的のために、申立金融債権者が取引先や他の債権者に対して説明会や個別説明を行って申立ての正当性を説明したり、申立て後の取引継続について協力を求めるなどしている。その際、取引先の連鎖倒産を防止するための、信用保証協会等が提供している特別の保証といった、いわゆるセーフティネット保証制度等の案内をするという事例もあった（**事例1**〔p.53〕）。

　申立て前の売掛金等をそのまま支払えれば取引先に対する支援としては最も効果的であることから、少額弁済許可（民再85条5項後段）に基づき商取引債権を全額保護した事例もある（**事例9**〔p.77〕）。また、申立て後の取引継続は取引先の与信判断によるため、債権者申立てにより事業継続に必要な取引先との取引が停止されるリスクをあらかじめ想定して、申立て前に代替取引先の検討を開始していた事例もあった（**事例6**〔p.68〕、**事例8**〔p.74〕）。

　さらに、債権者申立てによる事業への風評被害を防ぐため、申立てのタイミングを慎重に検討し、かつ、信用調査会社対策を行った事例もあった（**事例4**〔p.62〕）。

(4) 従業員の協力確保

円滑な事業継続のためには、従業員の協力が不可欠である。債権者申立ての場合、債務者企業自身が申し立てる以上に従業員にとっては想定外の出来事となり、不安感を生じさせ、また、不信感や反発を招くおそれもある。さらに、従業員が離反することとなれば、債務者企業の経営が一層混乱することも懸念される。これらの問題に対しては、従業員の協力を確保するために、申立て直後に従業員説明会を開催したり、従業員からの相談体制を整えた事例があった（**事例１**〔p.53〕、**事例２**〔p.56〕、**事例６**〔p.68〕）。また、申立て前の段階では、従業員の協力が得られるかどうかは不明であったことから、従業員の離反等の可能性を想定して申立ての準備をした事例もあった（**事例７**〔p.71〕）。

(5) スポンサーによる信用補完

債権者申立ての場合、申立人の多くは金融債権者であり、現経営陣を排除して新たな経営体制を目指すことが多いと思われる。そのため、申立て後も事業を安定して継続するためには、スポンサーから信用補完を得たり運転資金を拠出してもらったり、また経営に必要な人材を提供してもらうという各種の協力を得る必要性が高い。

アンケート回答の中でも、申立て前にあらかじめスポンサー選定を実施し、申立金融債権者がスポンサー候補を見つけ、スポンサー候補者等との事前調整を行った上で債権者申立てを行った事例がある（前記第５　２(3)「**ウ　債務者の事業運営の問題（選択肢③）**」の回答〔p.88〕参照）。なお、申立時点のスポンサーがそのまま倒産手続におけるスポンサーとして認められるかどうかについては不確実性があることには留意が必要である[45]。

⑹ その他の事業継続リスクへの対応

　許認可事業を行っている債務者企業について、会社更生の申立てによる許認可への影響などを調査の上で申立てに及んだという事例があった（**事例2**〔p.56〕）。

　また、複数社からなる債務者企業グループのうち、金融債務のある一部の債務者企業についての会社更生の申立てに際し、申立対象外のグループ法人についてもコントロールを確保する必要があるとして、申立対象外の法人の株主（申立対象会社の金融債務を連帯保証している）について破産申立てを行って、同法人の管理を破産管財人が行うことを企図した事例もあった（**事例3**〔p.60〕）。

2　レピュテーションリスク

　事業継続リスクに関する検討が適切になされるほど、法的倒産手続申立て後の事業の継続および再建の可能性が高まり、その結果、債権者申立てによるレピュテーションリスク（再建の失敗に伴うレピュテーションリスク）は減少するといえる。その意味では、事業継続リスクと申立債権者のレピュテーションリスクは表裏の関係にあるともいえる。

　もっとも、事業継続リスクの検討の中ではカバーしきれないレピュテーションリスクが存在しており、かかるレピュテーション

---

45)　再建型の法的倒産手続におけるスポンサー選定については、山本和彦＝事業再生研究機構編「事業再生におけるスポンサー選定のあり方」（商事法務、2016年）参照。

リスクが金融債権者による債権者申立てを躊躇させる最も大きな要因となりうる。具体的には、法的倒産手続に至れば当然に取引先や従業員に大きな影響が生じることになるが、その状況は申立金融債権者が招いたとされるリスクなどである。さらには、申立金融債権者が「債務者企業を潰した」とされるリスク（債権者申立てを行うこと自体のレピュテーションリスク／トリガーリスク）もあり、このような風評被害が、債権者申立てを躊躇させる大きな要因となっている。

かかる問題意識を念頭に、以下においては、申立債権者として抱える、債権者申立てを行うこと自体に伴うレピュテーションリスクに対処するため、あるいはかかるリスクを減少させるためにとられたと思われる手法を紹介する。

なお、これまでレピュテーションリスクについて特に対策を講じなかった事例や、債権者申立てによるレピュテーションリスクはそれ程大きな問題となっていない事例もあったことも指摘しておく（前記**第5 2⑷「ア レピュテーションリスク（選択肢①）」**の回答〔p.91〕参照）。

⑴ レピュテーションリスクに対する対処法
ア 債務者企業への情報の開示要請等

債務者企業の株主変更や不当な財産流出・財産毀損（会社分割・事業譲渡の実行を含む）が疑われる状況、スポンサー選定手続について疑義がある状況において、申立金融債権者が債務者企業に情報等の開示を要請したものの、情報開示がなされない、または、不十分・不合理な内容であるため会社更生手続の申立てに至った事例がある（**事例2**〔p.56〕、**事例4**〔p.62〕、**事例8**〔p.74〕）。

いずれも債務者企業から適切に情報が開示されなかったことから、債務者企業主導の事業再建は見込めないと判断し債権者申立てに至ったというものである。債務者企業からの適切な情報提供が望めない中では、保全管理人、場合によっては申立債権者が、風評リスクを最小限に抑えるべく、事業継続のために従業員や取引先等その他関係者に対して必要な情報提供に努めて（後記⑵「プレスリリース・メディア対応」〔p.135〕参照）、信頼関係構築を図っていくことが重要となる。

イ　再建プランについての協議

債務者企業から一定の情報開示がなされ、申立金融債権者においても債務者企業の再建に協力的な姿勢を示し、債務者企業との協議を経るなどして私的整理手続等による適切な再建プランの提示を求めていたものの、債務者企業がこれに応じないため、申立金融債権者が会社更生手続の申立てに至った事例がある。たとえば、合理的な再建計画の提示を条件に支払条件の変更に応じる旨を債務者企業に伝えていたが、債務者企業から合理的な再建計画の提示はなく、かえって、事前相談を経ないまま濫用的と思われる会社分割が実施された事例（**事例7**〔p.71〕）、申立金融債権者においてプレDDを実施し、その後、債務者企業とも協議の上でREVICスキームによる再生計画策定手続を進めていたが、その過程で代表者による不正取引等が発覚し、事後、債務者企業の代表者はプレパッケージ型での民事再生手続の申立てを画策した事例などがある（**事例6**〔p.68〕）。

なお、金融債権者との協議の中で債務者企業から自主的に再生手続を進めたいとの意向が示され、申立金融債権者においても協議に応じたものの、情報開示状況を含む従前の債務者企業の状況（粉飾決算を含む詐欺的対応や不正の発覚等）からして、債務者

企業を信用できない、自主的な再生手続の履行を期待することは適切ではない事例もある（**事例1**〔p.53〕、**事例4**〔p.62〕、**事例5**〔p.65〕）。**事例5**では、金融機関としての株主・預金者への説明責任やモラルハザード防止の観点からも、公平性・透明性の高い会社更生手続を選択することが志向されたケースで、期限を区切って債務者企業グループに自ら会社更生を申し立てるよう求めるといったプロセスを経て再建している。他方で、不適切な財産処分等がなされ、またはなされようとしているため、十分な協議を経る時間もない中で、資産の保全・調査を緊急に行う必要があるとして債務者企業と協議することなく会社更生手続を申し立てた事例もある（**事例4**）。

債務者企業と何らの協議がなされることなく債権者申立てに至れば、申立債権者に対するレピュテーションリスクが高まる可能性がある。債務者企業との関係や状況等にもよるが、再建に向けての選択肢を幅広く検討し、事業継続が見通せるようになることで、債務者企業との関係も回復することもありえ、ひいてはレピュテーションリスクへの対処策となりうる。金融債権者と債務者企業は、可能な限り再建に向けた適切な協議を行うことが望ましい。

ウ　従業員の雇用確保、地域経済への影響

一般論として、法的倒産手続は、給与の不払・雇用喪失といった債務者企業の従業員への影響、取引債務の不払いによる連鎖倒産といった地域経済への影響をもたらしうるため、債権者申立ては申立金融債権者にレピュテーションリスクを生じさせることとなる。事例研究の中でも、従業員の雇用および地域経済への影響を申立金融債権者として一番懸念したとの報告もなされているところである（**事例7**〔p.71〕）。

かかる観点からは、債権者申立てが従業員に及ぼす影響について検討を行った事例（**事例1**〔p.53〕、**事例8**〔p.74〕）や、地域経済に及ぼす影響について検討を行った事例（**事例1**、**事例6**、**事例7**〔p.71〕、**事例8**）などがレピュテーションリスクに対処した事例として挙げられる。

なお、これらの事例では、①再建型の法的倒産手続と清算型の法的倒産手続のいずれが望ましいかという比較の観点（**事例6**〔p.68〕）、あるいは、②法的倒産手続と現状維持のいずれが望ましいかという比較の観点での検討もなされている（**事例1**〔p.53〕、**事例5**〔p.65〕、前記**第5 2(4)**「**ア レピュテーションリスク（選択肢①）**」の回答〔p.91〕も参照）。

過去の経緯から債務者企業の経営陣が申立金融債権者の信用を失っていた事例では、債権者申立てを行い管財人の下で事業再生を図ることが従業員の雇用確保および地域経済にとって望ましいとの整理がなされている（**事例5**〔p.65〕、**事例6**〔p.68〕）。

取引先への不払や給与遅配が発生した事例（**事例1**〔p.53〕）では、これ以上の問題の先送りは適当でなく、現状を是認するよりは、債権者申立てをしたほうが従業員や取引先にとって望ましいとの整理がなされている。

エ 主要債権者間の協議・共同での申立て

利害関係を持つ複数の債権者が共同で申立てを行うこと、あるいは他の債権者が申立てについて理解を示していることは、債権者申立ての正当性を補強する事実となりえ、レピュテーションリスクに対する対処策となりうることが指摘できる。また、このことは同時に、申立て後の円滑な進行にも資する面がある。実際にもレピュテーションリスクへの対応として、取引金融機関複数が共同で債権者申立てを行った事例がある（**事例2**〔p.56〕、**事例7**

〔p.71〕）。**事例２**は、共同申立人とはならなかった債権者からも、会社更生手続自体には協力するとの意向表明がなされ、事前に意見を聴くことで、会社更生手続が債権者の理解を得て安定的に進むであろうことが予想できたという事例である。

また、債権者申立てによるレピュテーションリスクを懸念しつつも、利害関係者全員の意向を踏まえて破産申立てがなされていた事案もあった（前記**第５　２⑷「ア　レピュテーションリスク（選択肢①）」**の回答〔p.91〕参照）。

⑵　プレスリリース・メディア対応

一般的に、保全管理命令や倒産手続の開始は、弁済禁止等の法的効力を生じさせる重要な事実であり、また、事情を知らない取引先や従業員は裁判所からの通知を受けただけでは何が起きているのか十分に理解できないことが多い。債務者企業による再建型の法的倒産手続の申立ての場合は、会社更生手続や民事再生手続への理解と協力を求めるため、債務者企業自らが申立て直後に、申立てをした事実に加えて、申立てに至る経緯、事業継続方法等について積極的に説明するのが通常である。

この点、債権者申立ての場合には、債務者企業が積極的に説明することは期待できないため、保全管理人において事業継続方法等について説明ないし対応をすることが多い。しかし、裁判所から選任される保全管理人は申立てに至る経緯を直接把握しているわけではないから、申立てに至る経緯等を熟知する申立債権者が手続外で経緯等を説明することが手続の円滑かつ適正な遂行を図る観点から適切な場合がある。また、いわれのない非難等を受けるリスクを避け、申立債権者自らの利益を確保するためにも、申立債権者が、プレスリリース等において窮境原因や申立てに至る

経緯を積極的に明らかにすることが必要な場合もある。このような場合に申立債権者が行うプレスリリース等の記載内容は、債権者として申立てを行い保全管理命令が発令された事実、債務者企業の事業概要、窮境原因、申立てに至った経緯、申立ての理由等の説明および会社更生手続への協力要請などが挙げられる。

ア　プレスリリースと金融機関の守秘義務

　プレスリリースを行うに際しては、申立債権者たる金融機関が債務者企業との関係で負う守秘義務について整理しておくことが重要となる。

　金融機関の守秘義務に関しては、「顧客との取引内容に関する情報や顧客との取引に関して得た顧客の信用にかかわる情報などの顧客情報につき、商慣習上または契約上、当該顧客との関係において守秘義務を負い、その顧客情報をみだりに外部に漏らすことは許されない」（最決平成 19・12・11 民集 61 巻 9 号 3364 頁（以下「平成 19 年最決」という））とされている。

　この点、会社更生の場合は、申立てを行い保全管理命令が発令された事実は追って官報で公告される公開情報[46]であり、また、債務者企業の事業概要の情報は、通常、守秘義務の対象にならないと考えられる。しかし、窮境原因や会社更生手続の申立てに至った経緯については債務者企業との取引に関して得た「顧客情報」が含まれうることから、守秘義務との関係を検討する必要があると考えられる。

---

46)　会社更生法 10 条 1 項、31 条 1 項（保全管理命令の公告）等。金子ほか監・前掲（注 32）1209 頁も会社法や金商法上、公告が義務づけられている情報は公開情報であるとする。

イ　申立債権者によるプレスリリース等の許容性と必要性

　平成 19 年最決によれば、「顧客情報をみだりに外部に漏らした」ものでない場合には守秘義務違反とならないとされ、金融機関が、正当な業務遂行のために、必要な範囲内で、顧客情報を対外的に提供する場合には「みだりに外部に漏らした」とはいえないと解されている。具体的には、金融機関が自らの利益を守るため、①債務を履行しない顧客に対し訴えを提起する場合や、②金融機関への非難・抗議に金融機関が釈明・反論する場合が守秘義務に違反しない例として挙げられる[47]。

　債権者申立ては、上記①の訴訟提起に準じて考えられ、たとえば、顧客情報を含む窮境原因や会社更生の申立てに至る経緯を開始申立書や保全管理命令申立書等に記載することには守秘義務違反の問題は生じないと考えられる。

　ここで特に検討を要するのは、申立金融債権者が、法的倒産手続外で対外的に、利害関係人やそれ以外のマスコミや世間一般に向けて、窮境原因や会社更生の申立てに至る経緯といった顧客情報を含むプレスリリースを積極的に行うことが守秘義務と抵触しないか、という点である。

　法的倒産手続の開始や保全管理命令の発令は、利害関係人や一般消費者等に大きな影響を及ぼしうるものであるから、窮境原因や申立てに至る経緯に関連する事実関係の開示については利害対立が先鋭化しやすい。このような局面では、経営権をはく奪される経営陣や、申立金融債権者と異なった利害を持つ関係者から、トリガーを引いた申立金融債権者に対する非難や抗議がなされる可能性がある。そうした非難等の可能性は申立金融債権者にとっ

---

47)　金子ほか監・前掲（注 32）1210〜1211 頁参照。

てレピュテーションリスクとして認識されることがあり、ときに正当な債権者申立てを躊躇させる要因ともなる。

　しかし、債権者申立てによって法的倒産手続を円滑かつ適正に遂行していく中で、申立金融債権者として自らの利益を適切に確保するために、申立金融債権者が、プレスリリース等において窮境原因や申立てに至る経緯を積極的に明らかにすることは正当な業務遂行であり、そこに顧客情報が含まれていたとしても、これのみをもって直ちに「みだりに漏らした」と評価されることはないと考えられる[48]（守秘義務違反が生じない場合である上記②に準じて考えることが可能である）。

　もっとも、上記のとおり、倒産手続の開始等は利害対立が先鋭化する局面であり、正当な権利行使とはいえ倒産手続のトリガーを引く申立金融債権者としては、いわれのない紛争に巻き込まれることのないよう、①倒産手続の円滑かつ適正な遂行を図る観点、および、②申立債権者自らの利益を適切に確保する観点から、実務上は、顧客情報を含む案件の個別具体的な情報を、どの程度プレスリリース等に記載して積極的に対外的に開示するのか、事案ごとに検討することが必要である。一般論としては、客観的な事実関係については適切な情報開示を行った上で、事実関係に争いがある内容や評価にわたる事実を含む場合、たとえば、窮境原因や申立てに至る経緯との関連で、旧経営陣のガバナンスの具体的

---

48)　文書提出命令申立てに関する判断ではあるが、最決平成20・11・25民集62巻10号2507頁が、倒産手続を開始した債務者企業について、倒産手続開始決定以前の信用状態が開示されても同社の受ける不利益は通常は軽微なものと考えられること、それが開示されても債務者企業の業務に深刻な影響を与え以後その遂行が困難になるとはいえない、と判示している点も「みだりに漏らした」との評価を否定する方向に働くと考えられる。

な問題点などに言及する場合には、関係者から名誉毀損であると
いった抗議がなされることも想定されるため、慎重な検討が望ま
れる。

　また、守秘義務とは別の観点からの留意点として、プレスリ
リースが事業継続に与える影響についても考慮をする必要がある。
法的倒産手続を申し立てた旨の公開情報や申立て前の事情であっ
ても、これらを積極的に明らかにすることがかえって申立て後の
事業継続に悪影響を及ぼすこともありうるため、プレスリリース
の内容を検討するに際しては、守秘義務の観点に加えて、プレス
リリースが事業継続に与える影響についても考慮をする必要があ
る。

　なお、以上の整理は再建型の法的倒産手続である会社更生手
続・民事再生手続を念頭に置いたものであるが、清算型の法的倒
産手続である破産手続にも当てはまるものが多い。もっとも、破
産手続の場合には、基本的には事業継続への影響を考慮する必要
がなくなる一方で、なぜ再建型ではなく清算型の手続を選択した
のかについて説明をしたほうがよい場合があるといった違いはあ
ると考えられる。

　プレスリリース（**事例4**〔p.62〕、**事例7**〔p.71〕）や記者会見
（**事例5**〔p.65〕、**事例7**）等のメディア対応を行ったケースでは、
債権者として会社更生の申立てを行い保全管理命令が発令された
事実、債務者企業の事業概要、窮境原因、会社更生の申立てに
至った経緯、申立ての理由等の説明および会社更生への協力要請
がなされている。

　また、冠婚関連の債務者企業についての会社更生の申立てによ
り生じうる風評による事業毀損を防止するため、運営する式場名
を非公開とするよう信用調査会社に依頼を行った事例がある（**事**

例4〔p.62〕）。これは、申立金融債権者の発信するプレスリリースとは異なるが、申立金融債権者が債務者企業に関する情報を適切にコントロールすることにより債務者企業の事業毀損を防いだ事例といえる。

ウ　守秘義務と倒産手続下における保全管理人等の権限

　金融機関が顧客情報につき、商慣習上または契約上の守秘義務を負うのはあくまで「個々の顧客との関係において」（平成19年最決）であるから、保全管理人や管財人が選任された後において、申立金融債権者による守秘義務違反を理由とした損害賠償請求権を有するのは保全管理人等となる。よって、申立金融債権者によるリリース等が、法的倒産手続の適正・円滑な進行を図る目的で、それに必要な情報を開示するものである限り、あるいは、申立金融債権者自らの利益を守るために必要なものである限り、保全管理人等から守秘義務違反を理由とした損害賠償請求を受けるリスクは事実上ないといってよい。この意味では、申立金融債権者がプレスリリース等を行うに際して、守秘義務の問題を現実的なリスクとして過度に懸念する必要はないともいえる。

3　債権毀損リスク

　法的倒産手続の申立て・保全命令発令に伴い、債務者企業は債務の弁済が禁止され、金融債権者は相殺または担保権の実行以外の債権回収が不可能となる（会社更生手続では担保権の実行も制限される）。また、会計上も法的倒産手続の申立てにより、金融機関における債務者区分は「破綻先」と判定される。そのため、金融機関が法的倒産手続を申し立てるということは、自らその保有する債権を回収不能にするトリガーを引くことを意味し、すなわ

ち自己が有する債権を自ら毀損する行為であるとの見方もある（債権毀損リスク）。

　債務者企業の事業再生に向けて、一般的には、金融債権者は、債権者申立てを行って債務者企業を法的倒産手続下に置くか、あるいは債権者申立てを行わずに債務者企業（現経営陣）に事業継続を委ねるか、そのいずれがベターかについて、経済合理性の観点からの検討を要することになる。

　経済合理性を検討するにあたっては、①現経営陣に事業継続を委ねることにより想定される任意の弁済、②現経営陣に事業継続を委ねた結果として、将来破綻した場合に見込まれる清算配当、③現時点で債権者申立てを行った場合に想定される法的倒産手続下での弁済（会社更生・民事再生の場合）または配当（破産の場合）について、比較検討することとなると考えられるが、とりわけ金融債権者がアクセスできる情報や検討しうる内容には限界があることからすれば、いずれの検討も一定の仮定に基づくものとなり、正確に予測することは困難である。

　そもそも、すでにみたように、金融債権者が自ら法的倒産手続の申立てをするかにつき検討するような場面は、債務者企業による財産の流出・毀損が疑われる場合、債務者企業が適切な再建計画を提示しないなど債務者企業による事業再生が信用・期待できない場合、債務者企業が開示する情報が不正確である、そもそも情報開示を拒むといった不誠実な態度がみられるなど金融債権者として債務者企業に再建計画の立案・履行を委ねる基礎を欠くような場合など、債務者企業に事業継続を委ねることが金融債権者の不利益になることがある程度明らかな場合と考えられる。

　そのような場面は、そのまま事態を放置すれば債権者としての利益が害される、逆にいえば、債権者申立てをしなければ債務者

企業のさらなる事業毀損が進むことが合理的に予測される段階ともいえる。そのため、このような状況下での経済合理性の判断としては、①債権者申立てを行わずに現経営陣に事業継続を委ねた場合に将来見込まれる清算配当と、②自ら積極的に申立てを行い法的倒産手続を通じて弁済・配当を得る場合とで、いずれの回収率が高くなるかという観点で検討すれば足り、また、その検討は上記のとおり一定の仮定に基づくものとならざるをえない。したがって、合理的なプロセスで収集できた情報に基づき、一般的に合理的と考えられる手法で算出すれば足りるというべきであって、精緻な配当・回収率の試算まで求められることは現実的ではない。なお、このような事案においては、通常は、その時点で債権者申立てを行って弁済・配当を受けるほうが、債権者申立てを行わず、清算手続で将来見込まれる清算配当を上回り、経済合理性が認められる場合が多いといえよう。そして、かかる検討・算定にあたっては、法的倒産手続に精通した弁護士や公認会計士等の専門家の意見を求めることも選択肢の一つであり、これによってより合理性が担保されることになると考えられる。

第7 債権者申立てにあたっての検討項目

1 検討項目リストの位置づけ

前記「**第5 アンケート**」の回答結果からは、債権者申立ての
ガイドラインがあるとレピュテーションリスクの軽減につながる
との意見が大多数を占めた〔p.116〕。また、ガイドラインといっ
た客観的な判断基準があれば、金融機関内部で債権者申立ての議
論をしやすくできるのでないかとの意見もあった。

本研究会としては、本報告に対する各方面からのご意見や、日
本経済や企業を取り巻く各種状況を踏まえ、ガイドラインの要
否・是非を引き続き検討していく予定である。ガイドラインを策
定すべきとの結論に至れば、その内容を改めて議論の上、公表す
ることとしたい。

しかしながら、ガイドライン策定までには一定の時間を要する。
他方で、それまでの間にも債権者申立てを検討すべき事案が生じ
ることが見込まれる。本研究会において過去事例やアンケートを
分析して明らかになったところは、債権者申立ての際に参考とし
て利用できるものと思料する。

そこで、今後の債権者申立ての実務運用に利用されることを期
待して、過去事例やアンケートの分析結果から浮かび上がった、
債権者申立てに際して検討することが必要、あるいは望ましい事
項を「検討項目リスト」の形で提示する（詳細は後記「**4 債権**

者申立てに関する検討項目リスト」〔p.146〕参照)。

2　検討項目リストの概要

　この検討項目リストは前記「**第6　債権者申立てにおける実務課題**」〔p.123〕において言及されている①事業継続リスク、②レピュテーションリスク、および③債権毀損リスクについて、それぞれ検討項目をリスト化したものであり、債権者申立てを検討する際に検討・留意すべき点が列挙されており、検討項目の抜けや漏れを防ぐことを目的としている。

(1)　事業継続可能性を高める観点からの検討項目リスト

　この検討項目リストでは、債権者申立ての場合には債務者企業自身による事業継続リスクへの対応が期待できず、申立債権者が、裁判所や管財人候補者などと協議をしながら、事業継続リスクへの対応策を検討せざるをえないという特質を踏まえつつ、情報収集、資金繰りや取引継続のための方策、従業員の協力確保の方策、事業再建の方策(スポンサー選定)等の検討項目を提示している。

(2)　レピュテーションリスク回避の観点からの検討項目リスト

　この検討項目リストでは、債権者申立てを躊躇させる最も大きな要因である、申立金融債権者が「債務者企業を潰した」といわれるリスクをいかに最小化するかという観点から、債務者企業への情報開示要請、再建プランについての債務者企業とのやり取り、各ステークホルダーの意向確認、プレスリリース・メディア対応(守秘義務との関係の整理含む)等の検討項目を提示している。

(3) 債権毀損リスク回避（経済合理性）の観点からの検討項目リスト

　この検討項目リストでは、金融機関自らその保有する債権を回収不能にするトリガーを引く債権者申立てについて、金融機関のステークホルダーとの関係で経済合理性があることをどのような観点で検討するか、そのアプローチを提示している。

3　検討項目リストの活用のあり方

　検討項目リストの個々の検討項目については、○か×かの択一な判定を求めるものではなく、そもそも単純に○×の判断が容易ではない項目も多く、案件によっては検討すら難しい項目があることも想定されるところである。それゆえ、このリストに記載の項目のすべてについて常に検討やクリアが求められるものではなく、また、クリアした項目数の多寡によって債権者申立ての要否・是非が決まるものでもない。金融機関等としては、検討項目を一助にしつつ債権者申立ての検討を進め、事業継続リスクやレピュテーションリスクへの対応について一定の成算が得られ、経済合理性（債権毀損リスク）が認められる場合に、債権者申立てに踏み切ることになると考えられる。

　この検討項目リストは万全なものではなく、実務運用を通じてさらに洗練されていくべきものと考えられることから、実務で参照いただく中で各位からの建設的な意見・提案を承りたい。そのようなプロセスが、結果として、実務で利用されるガイドラインの策定につながるのではないかと考えるところである。

4 債権者申立てに関する検討項目リスト

(1) 事業継続可能性を高める観点からの検討項目リスト

項目	チェックポイント	検討（確認）事項
債務者企業からの情報取得	適切なコミュニケーション	債務者企業との間での適切なコミュニケーションの可否
	情報開示	債務者企業による情報開示要請への対応状況
	資金繰りに関する情報取得	債務者企業から資金繰りに関する情報を得ることの可否
	債務者企業の財務経理処理体制	債務者企業において資金繰り表を作成できるだけの財務経理処理の体制の有無
	開示情報の信用性の確認	開示された情報の信用性の検討。粉飾などの懸念の有無
資金繰り	DIP ファイナンス	資金繰りが懸念される場合に資金繰りの見通しを立てるため、自らあるいは第三者によるDIPファイナンスの可能性の検討
	預金解放の可能性	債権者が相殺しうる債務者の自行預金を解放し、申立て後の債務者の運転資金に充てることの可否

取引継続	事業内容の精査	事業継続のために必要な取引先の洗い出し
	取引状況、取引先の確認、取引先への協力依頼体制	取引先の理解を得るための説明方法、説明内容の検討（たとえば、取引先や他の債権者に対する説明会や個別説明を行い申立て後の取引継続について協力を求める等）。連鎖倒産防止の観点から、取引先のセーフティネット保証制度等の確認
	少額債権弁済許可	管財人等が申立て後または手続開始後に行う弁済許可について資金繰り等を踏まえた検討
	代替取引先	事業継続に必要な取引先との取引継続の可能性、代替取引先の検討
従業員の協力	従業員の離職防止	離職の可能性、キーマンとなる役職員の確認、従業員が離職した場合の対応策
	申立て後の従業員の対応・ケア	従業員説明会開催の要否・方法、従業員の相談体制、従業員のモチベーション維持、資金繰りを踏まえた給与の支払時期の検討
スポンサー選定	候補先	スポンサー候補の洗い出し
	速やかなスポンサー選定手続	選定プロセス、資金繰り、想定されるスポンサー候補の数、FA選定、声掛けが必要な範囲などの検討
その他の事業継続リスク	許認可等への影響	法的倒産手続申立てや開始決定が事業に必要な許認可に与える影響（取消事由該当性等）
	関連当事者、関連会社の動向	債務者企業がグループ企業の一部である場合、他のグループ企業や関連当事者についての対応の要否・対応策

⑵ レピュテーションリスク回避の観点からの検討項目リスト

項目	チェックポイント	検討(確認)事項
債務者企業への情報開示要請等	債務者企業への情報開示要請	適切な情報開示要請の有無
	開示された情報の精査・分析と追加の情報開示要請	債務者企業に情報等の開示を要請したものの、情報開示がなされない、または不十分・不合理な内容であった、といった事情の有無
	不当な財産流出、毀損等がある場合の当該行為の内容の精査	情報開示を含む従前の債務者の状況(粉飾決算を含む詐欺的対応や不正の発覚等)からして、債務者企業を信用できない、自主的な再生手続の履行を期待することは適切ではないといった事情の有無
債務者企業との再建プランについてのコミュニケーション	債務者企業による再建プランの提示	債務者企業による再建プランの提示の有無、申立金融機関による提示要請の有無、提示された再建プランの真摯かつ精緻な検討、再建プランの相当性、実現可能性の検討、再提案の打診
	申立金融機関が相当と考える再建プランの提示、協議	債務者企業によって再建プランが提示されない場合、再建プランが相当性・実現可能性を欠く場合などに申立金融機関が相当と考える再建プランの提示も検討

各ステークホルダーの意向	債権者、取引先、販売先、従業員、株主等の各種ステークホルダーの意向	必要に応じて、また、状況に応じて、債権者申立てに大きな利害関係を持つ関係者の意向を確認することも有用
	他の（金融）債権者との間での再建プランの協議、債権者申立ての是非	（協議可能な他の債権者がいるとして）債権者申立てについて他の債権者の理解の有無
プレスリリース、メディア対応	要否、是非	債務者企業による適示適切なリリースの期待の有無、および申立金融機関としてリリースを行う必要性の有無、リリースを行う場合のリリース方法・順序の検討
	説明内容、目的	申立金融機関として行うリリースが円滑かつ適正な手続の遂行に資する内容となっているかの検討。申立金融機関自らの利益を適切に確保する観点からの記載の要否の検討。
	説明事項	事実関係に争いがある内容や評価にわたる事実の有無、法的再建手続申立て後の事業継続に悪影響を及ぼす内容の有無（含まれている場合には慎重な検討が望まれる）
	守秘義務	リリースの中での「顧客情報」の有無。「顧客情報」が含まれている場合には「みだりに漏らした」と評価される可能性の検討

(3) 債権毀損リスク回避（経済合理性）の観点からの検討項目リスト

項目	チェックポイント	検討（確認）事項
経済合理性	債権者申立てをしなければ債務者企業の更なる事業毀損の可能性	（予測される場合） ①債権者申立てを行わずに現経営陣に事業継続を委ねた場合に将来見込まれる清算配当と、②自ら積極的に申立てを行い法的倒産手続を通じた弁済・配当を得る場合とで、いずれの回収率が高くなるか比較検討。通常、現時点で債権者による法的倒産手続の申立てを行って弁済・配当を受けるほうが、債権者申立てを行わない場合に将来見込まれる清算配当を上回り、経済合理性が認められる場合が多い。 （予測されない場合） ①現経営陣に事業継続を委ねることにより想定される任意の弁済、②現経営陣に事業継続を委ねた結果として、将来破綻した場合に見込まれる清算配当、③現時点で債権者申立てを行った場合に想定される法的倒産手続下での弁済（会社更生・民事再生の場合）または配当（破産の場合）について、比較検討
配当率の試算	合理的なプロセスで収集できた情報に基づき、一般的に合理的と考えられる手法	精緻な配当・回収率の試算までは求められない。会社更生手続に精通した弁護士や公認会計士等の専門家の意見を求めることも選択肢の１つ。

債権者申立研究会WG

債権者申立代理人報酬の共益（財団）債権性

多比羅　誠／髙橋　優／大川友宏／加藤貴裕

はじめに

　本稿は、事業再生研究機構の「法的整理に係る債権者申立研究会」において、債権者申立ガイドラインの必要性を検討する中で、債権者申立代理人報酬を共益債権として扱うべきではないかという問題意識の下、本研究会の中の4名が債権者申立代理人報酬の共益債権性について検討したものである。

　債権者申立ての必要性・重要性は、本研究会でも明らかとなっているが、債権者申立ての使いやすさも重要となる。申立代理人の報酬が共益債権と認められることになるならば、債権者申立てを使いやすくすることにもなろう。本稿が今後の実務の一助となれば幸いである。

1 債権者申立事件の実情

　債権者が債権者申立てをする狙いは、債務者会社の経営陣を排除するためである。民事再生は原則として DIP 型であり、債務者自身（実態は従来の経営者自身）が経営を続け、管理型は例外であるから、債権者申立てがあっても、債務者は協力しないのが通常である。経営陣を排除するためならば、債権者は会社更生の申立てをするのが自然であるから、「民事再生の管理型」を狙って

債権者申立てをするケースは、会社更生の申立てができない法人等の特殊な場合と思われる。実際にも、再建型債権者申立てのうち、民事再生はほんのわずかであって、ほとんどは会社更生である（後記**資料1「通常再生事件の債権者申立件数」**〔p.169〕および**資料2「会社更生事件の債権者申立件数」**〔p.170〕参照）。

　民事再生の債権者申立てが、会社更生の債権者申立てより少ないのは、予想どおりである。それでも、この資料1および資料2によれば、会社更生の122件（ただし、平成15年以降）には及ばないものの、民事再生において平成12年以降、24件も存在している。あえて民事再生を申し立てた理由は何か。調べてみると、平成12年から平成14年8月末までの債権申立件数は6件であったが、これに関しては、「そのうちの4件は、調査委員の調査の結果、申立てを棄却することで終わりました。残る2件については（中略）、債権者申立てとはいえ、債務者の内部事情から債務者自らは申し立てにくいという形式的な問題点がある会社について債権者が申し立てたもので、申立以後は債務者が主導権を持って手続を進めている会社ですので、本来の意味の債権者申立てではありません。」ということであった（伊藤眞ほか「〈座談会〉東京地裁における民事再生手続の実情―平成14年8月末までの実情―」NBL746号（2002年）12頁〔園尾隆司発言〕）。その後の債権者申立ての中には、民事再生を自己申立てした会社（またはその会社の株主）が子会社について債権者申立てをしたケースがあるようであり、本来の意味の債権者申立ては非常に少ないと推測できる。

　本研究会において検討している債権者申立ては、再建型であって清算型（破産）ではないことから、債権者申立代理人報酬の共益債権性についても、会社更生を念頭に置いている。ただし、会

社更生か破産かで共益債権の性質が変わることはないので、破産も含めた共益（財団）債権の要件、学説、判例、実務をも参考にし、検討している。

2 共益（財団）債権性の要件

債権者申立ての申立代理人報酬が共益（財団）債権であるためには、会社更生においては「更生債権者等及び株主の共同の利益のためにする裁判上の費用の請求権」（会更127条1号）でなければならない。

会社更生における裁判上の費用の請求権は、「更生手続開始申立ての費用、保全処分の費用、各種裁判の公告や送達費用、関係人集会開催にかかる費用など、更生手続遂行について裁判所が行う行為に関連して発生する一切の費用を含む」（伊藤眞『会社更生法・特別清算法』（有斐閣、2020年）249頁）とされる。また、共同の利益のためにする費用、別の言い方をすれば、更生債権者等および株主が共同で負担することが合理的といえるほど共同の利益になる費用でなければならない。

破産においては「破産債権者の共同の利益のためにする裁判上の費用」（破148条1項1号）でなければならない。

破産における裁判上の費用とは、「破産手続開始の申立てから破産手続の終了に至るまでの間、その手続遂行にともなう裁判上の手続に要する費用であり、具体的には、破産手続開始の申立ての費用、保全処分の費用、破産手続開始の決定の公告費用、債権者集会開催手続費用、破産管財人による債権調査・確定手続費用、担保権消滅手続費用、配当手続にともなう公告・通知に要する費用、破産手続終結の公告・通知費用等である。これには、狭義の

裁判費用だけでなく、それに関連して生ずる費用を含む」（伊藤眞ほか『条解破産法〔第3版〕』（弘文堂、2020年）1034頁）とされる。そして、破産債権者全体の利益になる費用であることが必要である。

したがって、破産の場合であっても会社更生の場合であっても、債権者申立てが、債権者をはじめとする関係者共同の利益のために申立てを行っていると解することができれば、申立てに係る代理人報酬は共益（財団）債権として認められると考えられる。

3 裁判例その他裁判上の扱い

後記**資料1**〔p.169〕および**資料2**〔p.170〕でも明らかなとおり、債権者申立事案が少ない中で、裁判所の実務上の扱いについて調査したところ、代理人報酬に関して裁判所が判断している事例はほとんど見当たらなかった。その中で、本項で取り上げた事例を見る限りにおいては代理人報酬がおおむね認められている。今後の事例の集積が待たれる。

(1) 会社更生

代理人報酬の共益債権性について、肯定・否定ともに見当たらなかった。

(2) 民事再生

肯定事例は見当たらなかった。なお、再生手続開始前に委託を受けた弁護士の報酬請求権および費用償還請求権は民事再生法119条1号に該当しないとの裁判例（東京地判平成23・2・8判タ1353号244頁）がある。

本判決は「民事再生法 119 条 1 号に規定する請求権に該当するというためには、当該請求権が、再生手続遂行に伴う裁判上の手続に要する費用又はそれに直接関連して生ずる費用に関する請求権であることを要すると解されるところ、本件報酬請求権は、本件再生手続と別個の別件破産手続に関する弁護士報酬の請求権であり、本件費用償還請求権は、原告が被告から受任した事務の処理に要した費用に関する請求権であって、これに該当するものとは認められない。」と判示しており、債権者申立代理人報酬の共益債権性を否定したものとはいえない。

(3)　破　産

　肯定事例として 2 件、否定事例として 1 件あった。

　① (肯定)　　神戸地伊丹支決平成 19・11・28 (判時 2001 号 88 頁、判タ 1284 号 328 頁)

　本決定では、「破産申立代理人が破産者から支払を受けるべき弁護士報酬は、共益費にあたる部分のみが財団債権になると解され、破産手続開始前に支払を受けた弁護士報酬についても、共益費相当額を超える部分は否認の対象となると解されているところ、弁護士による債務者の責任財産の保全活動としての任意整理ないし過払金返還請求や自己破産の申立てに対する着手金ないし報酬金の支払行為も、その金額が役務の提供と合理的均衡を失する場合、合理的均衡を失する部分の支払行為は、破産債権者の利益を害する行為として否認の対象となりうるというべきである。」として、貸付金債務の処理、自己破産の申立てなどについて、破産者から、報酬の支払を受けていた代理人弁護士に対する破産管財人からの否認権の行使が認められた。本事案では、報酬額が役務の提供と合理的均衡を有する部分は財団債権になると解すること

ができる。

②（肯定）　東京地判平成22・10・14（判タ1340号83頁）

　本件では、自己破産の申立てを受任した弁護士が破産者から支払を受けた報酬のうち、破産申立てに係る適正報酬額を超える部分につき、役務の提供と合理的均衡を失するものであり、詐害行為否認に当たるとして、破産管財人による否認権行使が認められた。本判決は、①の決定と同様、役務の提供と合理的均衡を失する部分については否認対象と判断しており、①のような一般論を述べていないものの、裏を返せば、適正報酬額については財団債権となることを認めていると読むことができる。

③（否定）　東京地判平成27・11・30（2015WLJPCA11308026）

　本件は、債権者破産申立てに係る事案であり、原告会社が、破産会社の破産事件の申立人会社（本件破産会社の債権者）から、同事件に係る弁護士費用等の費用請求権を譲り受けたこと、およびこれが財団債権に当たると主張して、破産会社の破産管財人である被告に対し、費用請求権の未払分の支払を求めた事案である。本判決は、財団債権となる請求権を定める破産法148条1項1号の「裁判上の費用」は原則として破産開始申立ての費用自体に限られるところ、破産事件に係る、申立て、抗告に対する対応および特別抗告に対する対応の各弁護士費用ならびに申立てに際してのコピー代および内容証明費用である費用請求権の未払分は、「裁判上の費用」には該当しないと判断したほか、当該各弁護士費用のうち交通費・日当の一部について、民事訴訟費用等に関する法律2条5号を適用、類推適用または準用して破産手続開始決定を得るための「裁判上の費用」として請求することもできないと判断し、請求を棄却した。

⑷ 和解（破産）

破産手続において申立代理人報酬を請求したところ、財団債権として認められた事例が4件あった。

① エル・アンド・ジー株式会社（疑似通貨「円天」を用いたネズミ講）（木本茂樹「債権者申立破産事件において弁護士費用の一部が財団債権として認められた事例」消費者法ニュース102号（2015年）132頁）

本件は、平成19年3月31日に被害者が申立債権者として破産を申し立て（東京地裁）、同年11月26日に破産手続開始決定を受けた事案である。

申立代理人報酬のうち2000万円を破産法148条1項1号に基づき請求した。本件は、平成25年時点で約10億円の破産財団を形成し、平成26年4月に1000万円で破産管財人と和解が成立した（裁判所の許可）。

② 株式会社恵比寿・有限会社ダイギンエステート（偽装質屋）（河内美香「国庫仮支弁による債権者破産申立事件について、申立人弁護団の弁護士費用を財団債権として承認した事例」消費者法ニュース105号（2015年）40頁）

本件は、平成25年2月に被害者が申立債権者として破産を申し立て（福岡地裁）、平成26年1月7日に破産手続開始決定を受けた事案である。

申立代理人報酬のうち1440万円（恵比寿900万円、ダイギンエステート540万円）を破産法148条1項1号に基づき請求したところ、平成27年6月に1100万円（恵比寿600万円、ダイギンエステート500万円）を財団債権として承認された。

なお、保全管理命令の発令により恵比寿につき約2億円（破産財団の約67％）、ダイギンエステートにつき約1億9000万円（同

約98％）の預金債権が保全された。

③　株式会社ヒューザー（耐震偽装）（東京大阪四会倒産法部会シンポジウム「多数の消費者が債権者となる破産事件［パネルディスカッション　第1部］」NBL1206号（2021年）51頁〔縣俊介発言〕）

本件は、耐震基準を満たさないマンションを購入した被害住民が、財産の散逸を防ぐため、ヒューザーに対して破産を申し立て、平成18年2月16日に破産手続開始決定を受けた事案である（東京地裁）。

申立代理人が破産管財人と協議し、申立代理人報酬を財団債権として承認された。

④　社会福祉法人大磯恒道会（公刊物未掲載）

本件は、平成30年12月6日に、社会福祉法人の理事が破産を申し立て（債権者申立てではなく準自己破産申立て）、平成31年1月16日に破産手続開始決定を受けた事案である（東京地裁）。

申立人個人（理事）が支弁した予納金300万円＋申立代理人報酬等540万円について、財団債権承認許可を求めたところ、同許可を得た。

4　学説等

代理人報酬をめぐる研究者、実務家の文献は多くはないが、おおむね共益（財団）債権として許容していると考えられる。

(1)　伊藤眞 教授

「申立代理人の費用や報酬については、『更生債権者等及び株主の共同の利益』との関係で、合理的範囲に限定されるべきであろう。また、不当に高額な報酬等がすでに支払われている場合には、

否認の可能性もある。」（『会社更生法・特別清算法』（有斐閣・2020年）249頁脚注169）

「債権者甲が債務者乙についての破産手続開始を申し立て、申立代理人たる弁護士に対し一定額の費用および報酬を支払ったと仮定する。申立てに基づいて破産開始決定がなされたとすれば、甲は、弁護士費用を財団債権（破148条1項1号）として償還を求められるであろうか。いったん破産手続が開始すれば、それは申立債権者のみならず、破産債権者すべての利益を実現するために行われるものであることに加え、申立代理人たる弁護士の活動が債務者財産の資産の保全に役立ったなどの事情が認められるときには、その限りで、2の冒頭に述べた予納金と同様に、弁護士費用の財団債権性を認める余地もあると思われる。」（『伊藤眞古稀後著作集　民事司法の地平に向かって』（商事法務・2021年）459頁）

「破産手続が開始したときに申立債権者の弁護士費用請求権を財団債権として、破産債権者全体の負担とするのは、それが総破産債権者の共同の利益につながるとみられるためであり」（同書461頁）、「申立代理人の弁護士費用請求権は、常にその全額が債権者の共同の利益に資すると認められるわけではなく、申立代理人の具体的活動内容に即して判断せざるを得ない」（同書464頁以下）。

(2)　山本和彦 教授

「この問題は理論的にみると、破産手続開始の申立てに共益性があるかどうかと、申立てに弁護士代理が必要かどうかという2つの要素から考えることになると思います。

前者は、理論的にいうと、破産手続による場合には破産によら

ない場合に比べて総債権者の配当が増加するのであれば、共益性は理論的に認め得ることになります。（中略）

後者の弁護士代理の必要性は、弁護士強制主義をとっていない日本では、因果関係が認められるかという問題になります。（中略）これもケース・バイ・ケースで、開始要件の立証等が困難で、実際上弁護士代理が必須になっていると考えられる場合には、この因果関係も認められてよい場合はあるのではないでしょうか。

ただ、そのように考える場合には、申立代理人の役割も少し変容する可能性があることには注意が必要です。その場合、共益費用になるということは、結局のところ、代理人は、すべての債権者との関係で一種の善管注意義務的なものが観念される立場に置かれ、総債権者の利益を図っていく必要があることになると思われます。」（東京大阪四会倒産法部会シンポジウム「多数の消費者が債権者となる破産事件［パネルディスカッション　第1部］」NBL1206号（2021年）52頁）

(3)　松下淳一 教授

「申立代理人の報酬が適正な額である場合には、その報酬を債務者の財産ひいては破産財団が負担しても破産債権者を害することはないことになる。債権者申立ての場合の申立代理人の報酬についても同様のことが当てはまると思われ、更生手続開始申立ての申立代理人の報酬は、適正な範囲の額であれば、更生会社財産の負担とする、すなわち共益債権（会社更生法127条1号）として扱うことも許容されるのではなかろうか。ただし、額の適正さをどのように判断するのかが課題となろう。」（「会社更生実務の課題と今後の展望」事業再生と債権管理159号（2018年）147頁）

⑷ 多比羅 誠 弁護士

「更生手続開始の申立ては、専門性のある裁判手続であって、債権者本人が行うことは困難である。したがって、債権者申立ての申立代理人の弁護士費用及び裁判上の費用は、更生手続開始決定を停止条件とする共益債権に該当すると解する（会社更生法127条1号参照）。ただし、金額は無制限ではなく、全債権者の共同の利益になったとして裁判所が認める額と解する。」（「最近の会社更生実務の課題」事業再生と債権管理159号（2018年）38頁）

　上記⑴～⑷は、一定の限度（合理的範囲／共益性／適正な額といった制約）を課すものの、限定的には許容されるとの立場と解される。

⑸ 高井章光 弁護士

「申立代理人の費用を財団債権とすることに関して厳格に判断すべきだということも理解できます。そうすると、財団債権という一番優先性の高いものが難しい場合は、民法307条の共益費用として一般先取特権のレベルで優先性を認めて、破産法98条の優先的破産債権の範囲内で優先性を認めることも考えてもよいと思います。」（東京大阪四会倒産法部会シンポジウム「多数の消費者が債権者となる破産事件［パネルディスカッション　第1部］」NBL1206（2021年）号51頁）

　この見解は、共益債権（財団債権）より劣後する優先的更生債権（優先的破産債権）と解している。

(6)　谷口安史 判事

「破産法 148 条 1 項 1 号が定めている裁判上の費用は、おそらく通常は、破産手続開始の申立てから破産手続終了に至るまでの間、その手続遂行に伴う裁判上の手続に要する費用のことだと解されています。そうすると、申立てに当たって、申立人が弁護士を選任したことによる弁護士費用は、これには当たらないと通常は解釈されて、そのように運用されているように思います。

　これに対し、民法 307 条の共益費用は、『各債権者の共同の利益のために』支出された『債務者の財産の保存、清算又は配当に関する費用』をいいますので、申立人の弁護士費用がこれに当たる場合もあり得るように思われますが、これについても、その内容をよく吟味して、個別の事案ごとに検討する必要があると思います。」（東京大阪四会倒産法部会シンポジウム「多数の消費者が債権者となる破産事件［パネルディスカッション　第 1 部］」NBL1206 号（2021 年）51 頁）

(7)　髙木裕康 弁護士

「破産債権者の共同の利益のためにする裁判上の費用（破産法 148 条 1 項 1 号）に当たるかを検討する。……これは裁判所に納付すべき費用を指しており、破産者との委任契約に基づく弁護士費用はこれに当たらないと考える。」（全国倒産処理弁護士ネットワーク編『破産申立人の地位と責任』84 頁（金融財政事情研究会・2017 年））。

　(6)および(7)は、従前の一般的な見解・実務運用と考えられる。(6)では、申立代理人の報酬は、申立て前の費用と解しているようであり、(7)では、裁判上の費用は裁判所に納付すべき費用を指す

等、通説より狭い解釈のように思われる。

5　外国での取扱い：米国の場合

　米国においては、債権者が米国連邦倒産法上のチャプター11手続を申し立て、倒産裁判所がこれを認めた場合には、申立てに要した実際の費用（the actual, necessary expenses）について共益債権として弁済を受けることができるとされている（連邦倒産法503条(b)(3)(A)[49]）。そして、申立ての準備、提出、（債務者が申立要件充足を争った場合における）審判にかかる費用が申立債権者だけでなく、財団全体に利益をもたらす場合には、当該費用は申立てに要した実際の費用に含まれる[50]。そして、申立債権者は、合理的な弁護士および会計士の報酬ならびに実費についても弁済を受けることができる（連邦倒産法503条(b)(4)[51]）。

---

49)　(b) After notice and a hearing, there shall be allowed administrative expenses, other than claims allowed under section 502 (f) of this title, including— (3) the actual, necessary expenses, other than compensation and reimbursement specified in paragraph (4) of this subsection, incurred by (A) a creditor that files a petition under section 303 of this title;

50)　In re Stoecker, 128 B.R. 205, 208-09 (Bankr. N.D. Ill. 1991)

51)　(4) reasonable compensation for professional services rendered by an attorney or an accountant of an entity whose expense is allowable under subparagraph (A), (b), (C), (D), or (E) of paragraph (3) of this subsection, based on the time, the nature, the extent, and the value of such services, and the cost of comparable services other than in a case under this title, and reimbursement for actual, necessary expenses incurred by such attorney or accountant;

6 代理人報酬(特に会社更生事件)の共益債権性の検討課題

(1) 債権者申立ての特殊性・専門性 (特に会社更生事件)

債権者が (債務者会社の同意を得ることなく、しばしばその意に反して) 行う債権者申立ての場合、債務者申立ての場合と比して高度の特殊性・専門性が求められる。特に、再建型の法的倒産手続で最も厳格・重厚な制度設計・運用とされている会社更生手続においては、他の倒産手続との比較においてもより高度の特殊性・専門性が求められる。

具体的には、会社更生事件における債権者申立てに際しては、①「当該株式会社の資本金の額の10分の1以上に当たる債権を有する債権者」(会更17条2項1号)であって、②債務者会社に、ⅰ) 破産手続開始の原因となる事実が生ずるおそれがある場合、または、ⅱ) 弁済期にある債務を弁済することとすれば、その事業の継続に著しい支障を来すおそれがある場合、といった更生手続開始の原因となる事実があることを疎明しなければならず(会更17条1項、20条1項)、実務上も、債務者会社の財務状況、債権者や担保権者の状況、資金繰りの状況等を踏まえて、開始決定後の確たる事業継続を見込みうる経営体制の構築や事業の見通しを判断して、手続を申し立てる必要がある。

このように、債務者会社のあらゆる状況および将来性の判断には高度に専門的技術的知見を要することから、債権者本人による会社更生申立ては現実的には不可能ないし著しく困難であって、事業再生・倒産分野に精通し、会社更生事件の実務運用等に通暁した弁護士を代理人に選任して、同代理人により申立手続が執り行われることが必須ないし通例であろう。

前記の「**3 裁判例その他裁判上の扱い**」〔p.154〕(特に、債権

者申立てによる破産事件における申立代理人報酬の財団債権としての実務運用）や「**4　学説等**」〔p.158〕の状況を踏まえると、会社更生事件における債権者申立ての場合の代理人報酬について、一定の要件の下、共益債権として取り扱うことが許容され、かつ、そうすべきであると考える。

(2)　更生債権者等の「共同の利益」該当性

　会社更生事件における債権者申立ての場合の代理人報酬が共益債権として認められるためには、「更生債権者等及び株主の共同の利益のためにする裁判上の費用の請求権」（会更 127 条 1 号）に該当する必要がある。

　では、いかなる場合に、「更生債権者等及び株主の」「共同の利益のためにする」といえるであろうか。

　「共同の利益」というからには、申立債権者（依頼者）のみの利益にとどまらず、総債権者および総株主の共通の利益に適うことが必要と解される。会社更生を申し立てない場合に比べ、会社更生を申し立てることにより総債権者への弁済額が増加することになれば、共同の利益といえるであろう。すなわち、債務者会社が現状のままで経営を続け、業績が悪化し続けるより、あるいは債務者会社が行おうとしている再建策より、その時点で、債権者が会社更生を申し立てることによって再建を現実化・具体化させることになる場合には、更生債権者等および株主の共同の利益になるといえるであろう。

(3)　合理的な範囲（適切な額）のメルクマール

　上記(2)で、債権者申立代理人の業務が「共同の利益」に適うと認めうる場合であっても、常にその全額が債権者の「共同の利

益」に資すると認められるわけではない。やはり、申立代理人の具体的活動内容に即して、申立代理人報酬を更生会社財産の負担として共益債権と取り扱うことが「適正かつ合理的な範囲の額」と判断できるかどうかによると考える。

　では、共益債権性を認めうる「適正かつ合理的な範囲の額」とは、どのような判断基準を用いればよいか。一定のメルクマールが事前に明らかになっていることが申立債権者の予見可能性確保や手続の安定性に資するというべきである。

　東京地裁民事第20部が、会社更生事件の申立予納金について運用基準（後記資料3の**「会社更生事件の予納金の基準表」**〔p.171〕）を公表したことも、会社更生手続の見通しをよくし、安定性をもたらすものといえるが、さらに一歩進めて、債権者申立てにおける申立代理人報酬のうち共益債権性を認めうる「適正かつ合理的な範囲の額」を認定する際の判断基準（考慮要素）があらかじめ明らかになっていると、申立債権者にとって手続のハードルが下がるといえるであろう。具体的には、以下のようなメルクマールが想定される。

ア　住民訴訟や株主代表訴訟における判例法理（最判平成21・4・23民集63巻4号703頁）

　住民訴訟および株主代表訴訟においては、勝訴した場合（一部勝訴を含む）、住民、株主は地方公共団体、会社に対し、当該訴訟手続における弁護士報酬のうち相当と認められる額の支払を請求することができるとされている（地方自治法242条の2第12項、会852条1項）。いずれの制度も、住民または株主が、本来他者（自治体、会社）が行うべき訴訟という裁判手続を弁護士を雇った上で当該他者に代わって行い、一定の結果（全部または一部勝訴）を得ることで当該他者を通じて構成員（住民、株主）の利益を実

現した場合において、必要となった弁護士費用（報酬）のうち相当額を当該他者に負担させるというものである。これらの制度とパラレルに考え、債権者が、本来法的整理を申し立てるべき状況である債務者について、弁護士を雇った上で債務者に代わって申し立て、開始決定という一定の結果を得ることで債権者全体の利益を実現した場合において、同様に、必要となった弁護士費用（報酬）のうち相当額を債務者財産をもって負担させるというのは、至極妥当なことだと考えられる[52]。

この最判平成21・4・23の判旨によれば、事案の難易、弁護士が要した労力の程度および時間、形成された破産財団の額、破産手続の性格その他諸般の事情を総合的に勘案することになる。債権者申立てによる破産事件の場合、「形成された破産財団の額」も大きな考慮要素になると解されるが、会社更生事件の場合、財団形成額を基準にすることは困難である一方、共益債権として更生会社財産の負担とする関係からは、更生会社の保有資産額を勘案する必要があるものと思われる。

イ　予納金等の基準を踏まえたガイドラインの検討

金融債権者による法的整理の債権者申立てのあり方に関するガイドラインを定めるのと合わせて、東京地方裁判所民事第20部が公表している予納金の基準表（**資料3**〔p.171〕）に即して、債権者申立てにおける申立代理人の報酬のうち共益債権性を認めうる「適正かつ合理的な範囲の額」を認定する際の考慮要素とと

---

52)　なお、株主代表訴訟における当該請求権は、事務管理による費用償還請求権（民法702条1項・2項）の性質を有するとされる（岩原紳作編『会社法コンメンタール19－外国会社・雑則(1)』（有斐閣・2021年）615頁〔伊藤靖史〕）。

もに、目安となるべき一定の水準感を示せるとよいのではないか。たとえば、過去の債権者申立てによる会社更生の申立代理人を務めた弁護士や債権者申立てを行ったことのある金融債権者から、実際の代理人報酬の金額感や報酬決定の考慮要素等についてアンケートで事例集積し、一定の目安を示すことも考えられる（なお、代理人報酬に関しては、後記の**多比羅誠「意見分かれる『債権者申立代理人の報酬額』」**〔p.173〕を参照）。

資料1

通常再生事件の債権者申立件数

年度	全国	東京地裁（本庁）		
			債権者申立	
			件数	比率
平成12年	662	172	1	0.6%
平成13年	1110	366	4	1.1%
平成14年	1093	400	2	0.5%
平成15年	941	315	2	0.6%
平成16年	712	232	0	0.0%
平成17年	646	213	1	0.5%
平成18年	598	223	0	0.0%
平成19年	654	251	2	0.8%
平成20年	859	321	1	0.3%
平成21年	661	287	0	0.0%
平成22年	348	128	2	1.6%
平成23年	328	109	1	0.9%
平成24年	305	111	2	1.8%
平成25年	209	73	0	0.0%
平成26年	165	56	0	0.0%
平成27年	158	60	0	0.0%
平成28年	151	50	0	0.0%
平成29年	140	42	2	4.8%
平成30年	114	37	0	0.0%
令和元年	147	67	1	1.5%
令和2年	109	33	1	3.0%
令和3年	110	47	1	2.1%
令和4年	92	52	1	1.9%
令和5年	113	61	0	0.0%
総合計	10425	3706	24	0.6%

※全国および東京地裁（本庁）における事件数は、最高裁判所司法統計年報から引用。なお、債権者申立件数は、東京地方裁判所民事第20部のご厚意によりご提供いただいたものである。

資料2

会社更生事件の債権者申立件数

年度	全国	東京地裁（本庁）		
		実質件数	債権者申立	
			件数	比率
平成15年	63	42	17	11	26.2%
平成16年	45	29	9	8	27.6%
平成17年	44	21	15	15	71.4%
平成18年	14	3	2	2	66.7%
平成19年	19	8	6	7	87.5%
平成20年	34	24	14	6	25.0%
平成21年	36	34	16	3	8.8%
平成22年	20	15	12	8	53.3%
平成23年	7	4	1	0	0.0%
平成24年	24	21	5	4	19.0%
平成25年	6	2	1	2	100.0%
平成26年	4	3	1	2	66.7%
平成27年	42	41	2	41	100.0%
平成28年	1	1	1	0	0.0%
平成29年	10	9	4	3	33.3%
平成30年	4	3	2	1	33.3%
令和元年	1	0	0	0	0.0%
令和2年	3	2	2	0	0.0%
令和3年	3	2	2	0	0.0%
令和4年	6	6	1	5	83.3%
令和5年	7	6	3	4	66.7%
総合計	393	276	116	122	44.2%

※全国および東京地裁（本庁）における事件数は、最高裁判所司法統計年報から引用。なお、債権者申立件数は、東京地方裁判所民事第20部のご厚意によりご提供いただいたものである。

東京地裁本庁の事件数のうち、①実質件数は、グループ関連会社を1社として計上した件数、②平成15年の件数42件のうち、現行法施行後の申立ては38件（債権者申立件数は9件）である。

資料 3

Q **7.会社更生の申立てにかかる費用はいくらですか。**

A 原則、以下のとおりです。
1 申立手数料　2万円（収入印紙）
2 郵便切手　事案により異なります。事前相談の際に確認してください。
3 予納金基準額
　　下表が、一応の目安になります。具体的な予納額は、下表を基に諸事情を総合的に判断して決定されます。

管理型

負債総額	予納金基準額	
	自己申立て	債権者・株主申立て
10 億円未満	800 万円	1200 万円
10 億円～　25 億円未満	1000 万円	1500 万円
25 億円～　50 億円未満	1300 万円	1950 万円
50 億円～　100 億円未満	1600 万円	2400 万円
100 億円～　250 億円未満	1900 万円	2850 万円
250 億円～　500 億円未満	2200 万円	3300 万円
500 億円～ 1000 億円未満	2600 万円	3900 万円
1000 億円以上	3000 万円	4500 万円

DIP 型

負債総額	予納金基準額
10 億円未満	560 万円
10 億円～　25 億円未満	700 万円
25 億円～　50 億円未満	910 万円
50 億円～　100 億円未満	1120 万円
100 億円～　250 億円未満	1330 万円
250 億円～　500 億円未満	1540 万円
500 億円～ 1000 億円未満	1820 万円
1000 億円以上	2100 万円

※ DIP 型から管理型に移行した場合は、予納の追加の可能性があります。
裁判所 HP（https://www.courts.go.jp/tokyo/saiban/minzi_section20/situmonn_tousannbu/index.html）「会社更生事手続について」Q7 参照（2025 年 1 月 6 日最終閲覧）

意見分かれる「債権者申立代理人の報酬額」

多比羅　誠

1　問題意識

債権者申立代理人の報酬は、共益債権として取り扱うべきであると論じ、多くの賛同を得つつあるが、実務家としては物足りない。

実務上の問題は、共益債権として認められる報酬額はどの程度が妥当なのかである。

2　アンケート

多くの倒産実務家がどのように考えているかを聞いてみたい、しかし、報酬の問題なので一般的には答えにくいと思い、筆者の知合いで事業再生に造詣の深い弁護士に回答をお願いした。

［質問事項］

第1問

債権者申立代理人報酬を共益債権として取り扱うことに、賛成ですか、反対ですか。

第2問

共益債権として取り扱うことに賛成の場合、会社更生、民事再生、破産で、取扱いを同じにすべきですか。

第3問

共益債権と認められる報酬額についてお尋ねします。

民事再生事件を債務者代理人として行った弁護士の着手金について、民事再生事件予納金基準額の 1.5 倍、2 倍、3 倍等の見解があるようです。

会社更生事件の債権者申立代理人について、共益債権として認められる報酬額は、会社更生事件の債権者申立ての予納金基準（前掲・多比羅誠ほか「債権者申立代理人報酬の共益（財団）債権性」〔p.171〕）のどの程度の割合が妥当とお考えでしょうか（たとえば、25％、50％、75％、100％、125％、150％等）。

3　回　答

4 名の弁護士から回答を得た。4 名全員が会社更生事件の更生管財人経験者であり、債権者申立ての会社更生事件に何らかの関与を経験した方である。回答結果については、仮名処理での公表について全員から承諾を得られた。改めて深く感謝する次第である。

(1)　第 1 問

債権者申立代理人報酬を共益債権として取り扱うことに、賛成ですか、反対ですか。

「A 弁護士」

賛成です。理由は、債務者の旧経済的主体が破綻しているにもかかわらず、早く解散して清算させなければ、債権者の満足が減少するという意味で、債権者の共同の利益といえるからです。

「B 弁護士」

賛成です。

「C弁護士」

賛成です。

「D弁護士」

　特別な事情がある場合に、裁判所の許可をもって共益債権とすることはあってよいと思っております。なお、申立て前の債権を共益債権とするには、法技術的に難しいとする見解も多数ありますので、その場合には、共益費用（民306条1号）として、倒産手続において優先債権（一般優先債権、優先的破産債権等）とすることも検討可能性があると思っております。

(2)　第2問

> 共益債権として取り扱うことに賛成の場合、会社更生、民事再生、破産で扱いを同じにすべきですか。

「A弁護士」

　同じ扱いにすべきだと思います。理由は、いずれの手続も破綻した債務者の旧経済的主体を解散し、清算するという意味において同じだからです。

「B弁護士」

　共益債権として取り扱うこと自体（必要性）について、各手続で差はないように思いますが、共益債権とすべき金額設定の考え方いかんによって違いが生じる可能性があるものと思います。

「C弁護士」

　基本的に考え方に違いはないと思います。ただ、申立て後の仕事の質と量に違いがあるかもしれません。

「D弁護士」

単に申立事務を行っただけでは共益債権（そのほか優先性を有する債権）としての取扱いは難しいと考えております。したがって、具体的に実施した事務内容に応じて、共益債権とすることの可否・是非を検討することになると考えております。また、それぞれの手続の性質によって扱いは異なると思います。

会社更生、民事再生は再建型ですので、その再生に資する対応を申立代理人が実施した場合に対象となり、破産の場合は財産換価処分を円滑に実施する趣旨にて、破産前の財産保全に資する行為を行った場合などにおいて、特に共益債権等の優先債権にすべき事情がある場合が該当すると考えております。

(3) 第3問

共益債権と認められる報酬額についてお尋ねします。
民事再生事件を債務者代理人として行った弁護士の着手金について、民事再生事件予納金基準額の 1.5 倍、2 倍、3 倍等の見解があるようです。
会社更生事件の債権者申立代理人について、共益債権として認められる報酬額は、会社更生事件の債権者申立ての予納金基準（多比羅ほか・本書 171 頁）のどの程度の割合が妥当とお考えでしょうか（たとえば、25％、50％、75％、100％、125％、150％等）。

「A 弁護士」

予納金額の 100％以下であれば事案に応じて裁判所が決定するということでよろしいかと思います。

「B 弁護士」

①会社更生事件の予納金は基本的に保全管理期間の報酬引当てであること、②申立代理人の申立てにあたっての弁護士費用自体は予納金額と同レベルでも不合理とはいえないこと（債権者申

立ての困難性は、予納金額基準自体で債権者申立ケースを別にして考慮済みであること）から、全債権者の負担とする共益債権の範囲としては（事後的に判明する清算価値以上の価値実現の効果等も踏まえ）、予納金の2分の1～3分の2程度が適当ではないかと考えます。

「C弁護士」

　事案によると思いますが、予納金基準と同額程度でいかがでしょうか。

「D弁護士」

　共益債権とする場合は、限られた責任財産の中から支弁することになるため、責任財産が豊富な場合とそうでない場合とでは異なる判断基準とならざるをえないと思います。したがって、裁判所の裁量的判断事項とならざるをえないと思いますが、代理人の寄与度および財団の大きさと総負債額を勘案することになると思います。

　よって、代理人の寄与度も財団も大きく、負債総額と比べても他の債権者の弁済率との関係は考慮事情にはあまりならないというケースを前提としますと、会社更生手続では、現在の東京地方裁判所民事第20部の公表基準を前提として、500～1000万円というあたりが基準となるでしょうか。申立て後の保全対応を担ったとなれば、その内容に応じてさらに当然に追加（申立て後の寄与について、通常、別途に共益債権と認められることはありませんが、その部分を申立て前の請求権の評価に加えることもありうるように思います）されてもよいと思います。たとえば、保全措置を2、3日実施したということであれば、保全管理人の下での保全補助者弁護士手当金相当額が加算されるなどのイメージです。

　債権者申立ての場合には、更生管財人も事情がわからず、また

債務者会社の協力を必ずしも円滑に得ることができるわけではない状態で管財業務を行うため、その負担は債務者申立てよりは大きくなるものと思います。その前提で、管財人の負担軽減に効果があった部分について、更生管財人代理への報酬と同じように位置づけて、申立代理人の報酬請求権について、優先性を認めることにも許容性があるものと思います。そのため、財団が一定額あり（豊富であり）、更生管財人への報酬や費用を十分に賄うことができる状況であることが前提であり、さらに、申立代理人の対応が更生管財人の業務に直接的にプラスに影響がある場合に認めやすいのではないかと思います。

4 私見

　回答者は少数ではあったが、大変貴重なご意見をいただくことができた。筆者もこれまでの経験を踏まえて今回の質問への見解を述べる。

(1) 第1問

　賛成である。

　債務者申立代理人の報酬は、債務者会社の資産から支払われる。債務者申立代理人報酬は通常、手続開始決定前に支払われるため、共益債権か否かについては、ほとんど議論になっていない。

　しかし、債務者申立てか、債権者申立てかを問わず、申立て時は、実質的には債務超過であり、債権者全員に対し約定どおりの弁済はできない状態にある。したがって、申立代理人に報酬を支払うことによって、その金額だけ、債務者会社の資産は減少する。つまり、債権者の犠牲において債務者会社の資産から支払われて

いる。債権者の引当財産（しかも不足する財産）から支払われていることから、代理人報酬が適正額を超えた場合には、超えた部分が否認の対象になる。

債務者会社は、債務超過にもかかわらず、適切な経営改善策をとらず、また申立てをしない場合は通常、債務超過は進行し、事業価値も劣化する。その状況下で債権者申立てをし、手続開始決定となった場合の代理人報酬が共益債権か否かが問題となる。

債権者申立代理人報酬が共益債権とならない場合、手続開始時の債務者会社資産は、債務者申立てよりも債権者申立ての方が、申立代理人報酬額だけ多くなる。申立債権者がその犠牲を払うことになるが、それは正当なものではなく、債務者申立てと比べて公平を欠く。

(2) 第2問

共益債権として取り扱うことについて、各手続で差はない。ただし、会社更生、民事再生、破産のそれぞれの手続によって共益債権とすべき金額に違いが生じると考える。

(3) 第3問

実務上、会社更生申立ての代理人報酬について、①予納金額と同額を目安とする見解[53]、②負債総額に応じ、負債総額5億円〜10億円の場合は700万円〜1000万円、負債総額10億円〜50億円の場合は1000万円〜1500万円、負債総額50億円超の場合は1500万円以上とする見解[54]等がある。

---

53) 第二東京弁護士会倒産法研究会『倒産法研究会―30周年記念誌』』（2018年）79頁〔髙木裕康〕。

ここで論ずるのは、会社更生申立ての一般的な代理人報酬額ではなく、共益債権として認められる債権者申立代理人報酬額である。

　共益債権として認められる金額は、債務者申立てとバランスを保ち、その手続の債権者全体の利益に資する必要性から考え、債務者申立てか債権者申立てかによって債権者全体の負担額が実質的に変わらないようにすべきであると思われる。そうすると、債務者申立代理人の適正な報酬額と同程度となろう。予納金額との関係においては、当該事案の難易度および債権者全体への貢献度等を考慮して、予納金額の100％〜50％の間で定めることが妥当かと思われる。

54）　吉原省三＝片岡義広編著『ガイドブック弁護士報酬〈新版〉』（商事法務・2015 年）288 頁〔山宮慎一郎＝関端広輝＝谷津朋美〕。

特別寄稿

本研究会報告についてのコメント

前東京都中小企業活性化協議会　統括責任者
小林信久

1　はじめに

　準則型私的整理である中小企業活性化協議会事業（以下「協議会手続」といいます）を遂行する立場から、法的整理に係る債権者申立ての活用が必要ではないかと感じさせる場合がいくつかありました。今回の研究会の取組みは、その意味で我が意を得たりの感を強くしています。

　また、近時は協議会手続から法的整理手続に移行する事案が増えていますが、債権者申立てを活用することにより、さらに円滑に両手続間の連動が進んで事業再生の実が上がることを期待するものです。

2　債権者申立てを必要とするケース

　協議会手続は、窓口相談（第一次対応）の後、通常以下のようなプロセスを経ます。

　・第二対応開始決定

　　　　↓

　・財務・事業デューディリジェンス（以下「DD」といいます）

　　　　↓

　・再生手法の選択（リスケジュール、債権放棄等金融支援手法を

含む）

↓

・再生計画案の策定、金融債権者への提示

↓

・金融債権者と合意（手続完了）

　債権者申立てを必要とするケースは、当然ながら手続進捗が難航して計画策定から全金融債権者の同意取り付け、手続完了までが進捗せず、途中で手続終了となるケースです。具体的には以下のような事例が該当します。

〈ケース①〉債務者が DD に非協力的で、計画案策定の見通しが
　　　　　　立たないケース

　売上高 120 億円の医療用器械の卸売業者の事例。メインバンクからの事前相談があり、粉飾の疑いがあるので、協議会関与のもとに DD を実施して再生計画を策定したいとのこと。経営者と面談を重ねたが、手続に入ることを逡巡し、ようやく二次開始決定に至ったものの、その後も何度か翻意し DD 受入れに抵抗した。この時点では金融支援案としてはリスケを想定。資金繰りも厳しく協議会が紹介した代理人弁護士の尽力で資金繰り対策も講じた。ようやく DD を開始したものの、協議会が紹介した専門家を忌避、二度目に紹介した専門家により DD 開始。DD は会社側の協力姿勢が乏しく難航したが、専門家の見立てでは相当重度の粉飾、融通手形まがいの資金調達が疑われた。その後取引金融機関の割り手拒否もあって資金繰りがつかなくなり手続が終了した。その後、代理人弁護士により幹部社員の協力も得て管理型の民事再生を申

し立てた。

> **〈ケース②〉 粉飾の程度が重く、事業性の面からもスポンサー譲渡スキームが相当とされたが、経営者が拒否し計画案策定が困難となったケース**

　売上高 54 億円の工事・レンタル業者。コロナ影響で資金繰りが厳しく特例リスケを利用したいと相談されたが、粉飾の疑いが濃いためメインバンクも従来型の二次対応を望み、リスケ前提で二次対応の開始を決定。DD の結果、大幅な債務超過（表面 +3 億円、実質 ▲ 50 億円）、正常収益力も大幅マイナス。二重リースも発覚。収益が出ている事業を対象としたスポンサー譲渡へのスキーム変更を促したが、費用面等を口実に難色を示し時間が経過（DD 報告から終了まで 8 か月）。その間、商取引債権者からの預金仮差押え、取引金融機関の流動性預金拘束等の対応に忙殺された。個人資産の退避（自宅持分の妻名義への移転）の動きも発覚し、協議会の判断として手続は終了した。

　〈ケース①〉は、代理人弁護士の尽力と幹部社員の協力もあって管理型民事再生手続に移行できましたが、うまくいかない場合には債権者申立ての選択肢が検討されてもよい事例かと思われます。

　上記のほかにも、①スポンサー譲渡スキームを選択したものの、債権放棄のないスポンサー探索にこだわって時間がかかり、結局破産手続申立てに至った事例、②当初より粉飾が露見していたが、経営者がスポンサー譲渡を前提とした協議会手続を忌避し続け、結局資金繰りが破綻して破産手続申立てに至ったケースなど、

経営者の判断の遅れが事業価値を毀損し破産手続を選択する以外方法がなくなった事例は相当数あります。

3 現状の金融機関の行動

上記のような協議会手続が難航している状況については、随時金融債権者に情報提供をしています。特に主要債権者とは、スキームの方向性（たとえばリスケによる自力再建から債権放棄を伴うスポンサー譲渡スキームへの切り替え）についても随時意見交換を行いながら進めています。

しかし、自力再建にこだわり経営権の譲渡を拒む経営者に対し、協議会と歩調を合わせて厳しく迫る金融機関は多くありません。協議会はあくまで調整機関であって説得力には限界があるのですが、実態として協議会任せにする金融機関が多いことも否めません。

ただし、この議論の過程で、債権者申立てによる法的整理への移行が検討の俎上に上がったことはありません。金融機関が協議手続終了後にかかる手段を選択したという事例も、私の知る限りではありません。条件変更を打ち切って延滞扱いとし、場合によっては預金拘束をするなどの回収方針に切り替える程度かと思われます。また、最近は融資ポジションの下位行中心にサービサー等へ債権売却を行う事例は増えてきています。

4 私 見

上記のようなケースで協議会手続を終了させざるをえない場合に、事業価値のさらなる毀損を防ぎ従業員の雇用を守る立場から、

会社更生ないし民事再生（管理型）の法的整理の債権者申立てが検討されてもよいのでないかと考えます。経営者が自ら経営権を放棄する法的整理手法を選択することは考えられません。金融機関との信頼関係を失ったまま弁済もせずに漂流する企業（いわゆる「ゾンビ企業」化）を放置することは、地域経済への貢献を使命とする金融機関の立場からも避けるべきではないでしょうか。

このような考え方に対する金融機関の反応としては、

① 費用対効果（負担する手続費用、労力と回収見込み額の比較）の観点から、経済的なメリットが乏しい（経済合理性が確保できない）のではないか。

② 協議会手続等で債権放棄を受け身的に迫られるならまだしも、自ら能動的に債権放棄に至る手法を選択することに抵抗がある。

③ 債務者に関する情報不足で、申立に必要な資料作成やスポンサー確保の見通しが立てにくい。

④ レピュテーションリスクが危惧される

の4点が想定されます。

①については、定量的かつ確実な判断材料を得ることは困難な場合が多いと思われます。②も含めて、金融機関の地域経済への貢献、当該債務者企業を放置ないし破産させることによる社会的影響等の観点から、金融機関の高度な経営判断に期待したいところです。

③および④については、たとえば協議会手続を前置させることで、DD、スポンサー探索等手続の過程で得られた情報、金融機関の共通認識の形成、債務者との対話の積み重ねにより、相応にカバーできるのではないかと考えられます。肝要なのは、「大義名分」をいかに掲げるか、です。

④についてさらに付け加えれば、金融機関が預金口座の拘束・相殺、資産への仮差押えなど保全・回収に走るのみで、当該企業を破綻させてしまうことへの社会的影響を斟酌しないことの方が、よほどレピュテーションリスクがあるのではないかと思われます。

協議会事業を運営してきた立場としては、窮境状態にあるにもかかわらず、これまでの杜撰な経営に対して真摯に反省を示さない経営者に対し、金融機関が逃げることなく真剣に対峙していただきたいと切に願うものです。今回の研究会の検討結果が、金融機関に真剣勝負を促す一助になるのではと期待しています。

債権者申立ての活用

2025年3月26日　初版第1刷発行

編　　者	事業再生研究機構　法的整理に係る債権者申立研究会
発　行　者	石　川　雅　規
発　行　所	鷸商　事　法　務

〒103-0027　東京都中央区日本橋3-6-2
TEL 03-6262-6756・FAX 03-6262-6804〔営業〕
TEL 03-6262-6769〔編集〕
https://www.shojihomu.co.jp/

落丁・乱丁本はお取り替えいたします。　印刷／そうめいコミュニケーションプリンティング
©2025 事業再生研究機構　　　　　　　　　　　Printed in Japan
Shojihomu Co., Ltd.
ISBN978-4-7857-3144-1
＊定価はカバーに表示してあります。

JCOPY＜出版者著作権管理機構　委託出版物＞
本書の無断複製は著作権法上での例外を除き禁じられています。
複製される場合は、そのつど事前に、出版者著作権管理機構
(電話03-5244-5088、FAX 03-5244-5089、e-mail: info@jcopy.or.jp)
の許諾を得てください。